［著］
椿井駿
有限亭
キリン
DAIBOUCHOU
テンバガー投資家X
［解説］
前田昌孝（証券ジャーナリスト）

億り人が発掘法を公開！

バフェットが次に買う日本株の探し方

Warren Edward Buffett's Investment Approach

宝島社

目次　億り人が発掘法を公開！　バフェットが次に買う日本株の探し方

第1章　バフェットが日本株を狙う理由
投資のプロと証券ジャーナリストが解説

【マンガで解説】そもそもバフェットって何者？……6

超大物投資家バフェットの
日本市場本格参入「バフェット効果」で日本株急騰？……18

バークシャー・ハサウェイの保有銘柄から
バフェットの投資手法の傾向と特徴を読む……24

バークシャー社の投資銘柄と
その背景を読み解いてバフェットの次なる投資戦略を占う……30

株を5年間保有すると
バフェットの本質が見えてくる！
―つばめ投資顧問代表　栫井駿介……34

バフェットの投資格言と関連銘柄……48
バフェット氏の虚像に踊るな――マーケットエッセンシャル主筆 前田昌孝……56
【コラム】バークシャー社の投資傾向からバフェットの次なる投資戦略を読む……70

第2章 億り人が大予想！ バフェットが次に買う銘柄はどれか？

億り人が予想する次の「バフェット銘柄」……72
【億り人】【座談会】バフェットの次の狙いを大放言とともに深掘りする！――大陽線／雅／蝉投資家……78
バフェットの好みを複合的に分析して見えた株――DAIBOUCHOU……90

バフェットが狙う次の日本株「現実編」「将来編」4銘柄
――キリン……110
IPOセカンダリー投資にも活かせるベーシックなバフェットの手法
――テンバガー投資家X……126
長期目線で考えて有望なIR（統合型リゾート）関連を大穴で買う
――有限亭玉介……148

第3章 バフェットをより深く知るために

「株探」を活用した「バフェット銘柄」の探し方……164
バフェットの投資手法をより詳しく知るための書籍……172

※本書で紹介しているデータや情報は特別な表記がない限り、2023年7月現在のものです。本書は株式投資に役立つ情報を掲載していますが、あらゆる意思決定、最終判断は、ご自身の責任において行われますようお願いいたします。ご自身の株式投資で損害が発生した場合、株式会社宝島社及び著者、本書制作にご協力いただいた企業・スタッフは一切、責任を負いません。また、本書の内容については正確を期すよう万全の努力を払っていますが、2023年7月以降に相場状況が大きく変化した場合、その変化は反映されていません。ご了承ください。※本書では基本的に人名の敬称を省略していますが、一部敬称を入れているページもあります。

編集●宮下雅子
カバーデザイン●井上新八　本文デザイン●鈴木貴之
編集協力●とりでみなみ、高水 茂、井ノ上昇、味岡啓二
漫画・イラスト●たまきちひろ
カバー写真●Getty Images
本文写真●共同通信イメージズ

第1章

バフェットが日本株を狙う理由

投資のプロと証券ジャーナリストが解説

写真　ロイター＝共同（以下同）

【マンガで解説】そもそもバフェットって何者？

時は1930年！
20世紀最大にして最長世界中を巻き込んだ世界大恐慌の真っ只中
その男は生まれた!!
その名はウォーレン・バフェット！
恐怖相場は友
大恐慌の申し子バフェット少年のもっぱらの関心はビジネス
ウォーリー遊ぼうぜー
新聞配達終わったらね！

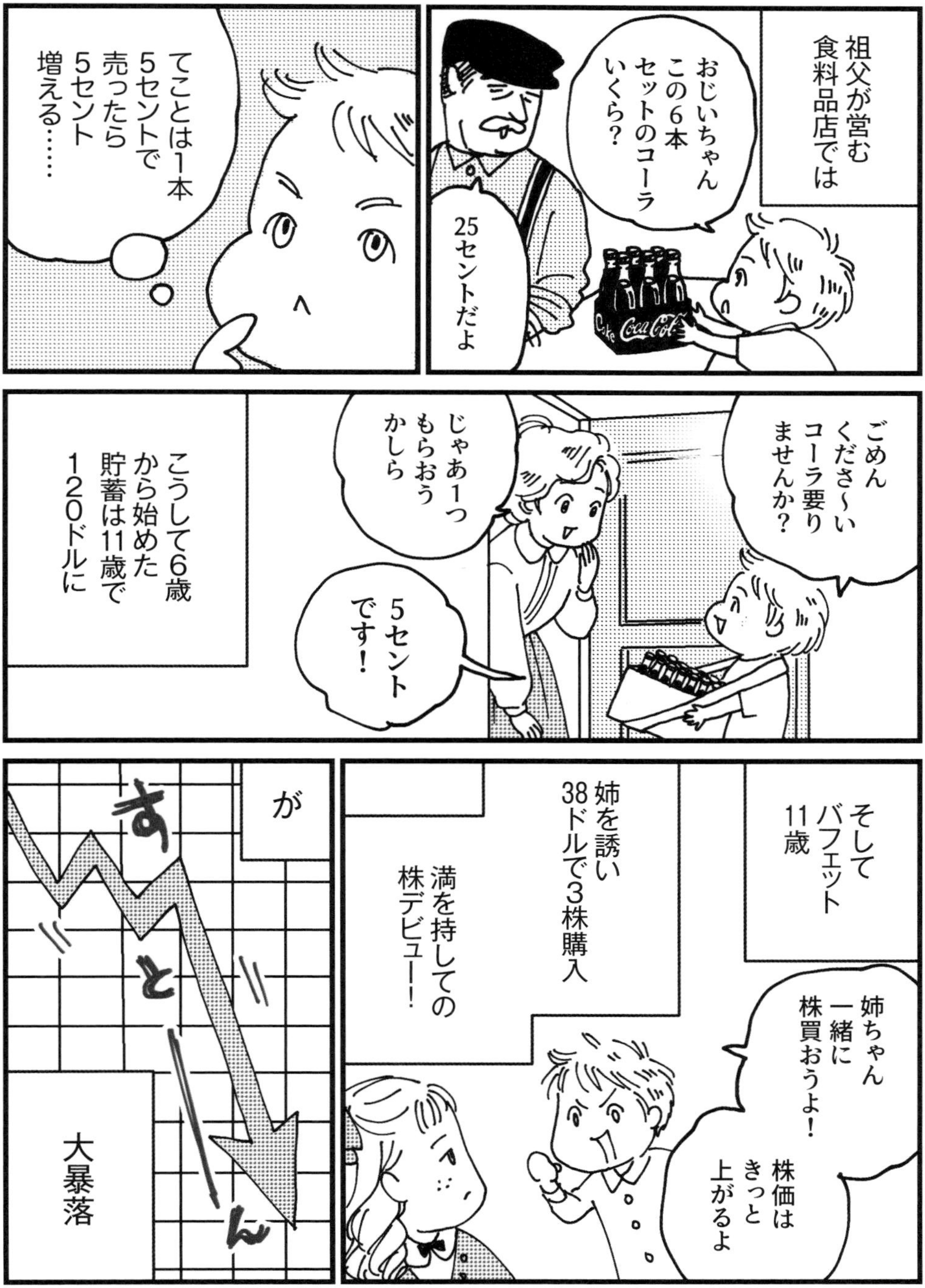
祖父が営む食料品店では
おじいちゃん この6本セットのコーラいくら？
25セントだよ
てことは1本5セントで売ったら5セント増える……
ごめんくださ～い コーラ要りませんか？
じゃあ1つもらおうかしら
5セントです！
こうして6歳から始めた貯蓄は11歳で120ドルに
そして バフェット11歳
姉ちゃん一緒に株買おうよ！
株価はきっと上がるよ
姉を誘い38ドルで3株購入
満を持しての株デビュー！
が
すと～ん
大暴落

誰よ上がるっていったの！
ごめんなさーい
なんとか40ドルまで戻ったところで売却
がその後株価は上がり続け……
ぐん
ぐん
ぐん
なんで売ったのよ！
持ってたら500ドル儲かったじゃない！
このときバフェット少年が得た3つの教訓
1. 買ったときの株価にこだわらない
2. 目先の利益にとらわれない
3. 安易に他人のお金で運用しない
ちーん

その後も バフェット少年は ビジネスを 見つけては
ピンボール ゲームの レンタル してます！ お店に置いて みませんか
高校生にして 週50ドル稼ぐことも
そして バフェット 19歳
割安の 株に投資 する……？
賢明なる投資家 グレアム
なんだ この本…… ほかの 指南書とは 全然違う……
その後 師となる ベンジャミン・ グレアムの 著書に出会い……
彼の下で投資を 学ぶことを決意
これだ…… 僕の行く 道は……！

この後、バフェットはグレアムが教鞭をとるコロンビア大学で修士号を取得
グレアム師匠
そのままグレアムの会社で働くことを熱望するも
ごめん今不況だからユダヤ人を優先してるんだ
父さんの証券会社で働こう
こうしてオマハへ戻り
結婚
そのうちグレアムの会社からオファー
うちのパートナーにならない？
そんなこんなでバフェット32歳
ついに会社を買収
Berkshire Hathaway Inc.
この繊維会社を立て直すぞ！
が繊維産業は時代に抗えず……

投資会社を買収して資金を運用に回そう
こうして投資会社としてのバークシャー・ハサウェイ社が誕生した
師匠から学んだ「シケモク理論」はどうも限界がある気がする
バフェット42歳 続いてシーズ・キャンディー社を買収
この場合はフィッシャー理論の「成長株投資」のほうが良さそうだ
シケモク理論
グレアム師匠
まずまずの企業を素晴らしい値段で買いなさい
成長株投資
フィリップ フィッシャー
素晴らしい企業をまずまずの値段で買いなさい

そして子どもの頃からの憧れ、ワシントン・ポストとコカ・コーラの株をついに購入
やっとゲットできたー!
株券
安く買える価格になるまで何十年も待つ男それがバフェット
1991年バフェット61歳
このとき人生最大の危機が訪れる
ソロモン・ブラザーズが不正取引……!?
CEOのジョン・グッドフレンドが不正取引と知りながら隠ぺいを続けていたため
ソロモンは政府から国債購入を禁止されるほど経営危機に直面
辞任
社長
当時バフェットは一大投資銀行ソロモン・ブラザーズの大株主
混乱を阻止すべくバフェットはCEOに就任
ソロモンが倒産したら金融界は大パニックだ!

が
ここまで内容がひどいとは思わなかった……
有罪判決が出たら犯罪者になるというところまで追い詰められる
社長
でも……
株主と経営者はパートナーだ
簡単に見捨てるわけにはいかない
バフェットは自身の信用力と合わせて法律問題にも必死で取り組み
不利でも情報開示だ！
公聴会で謝罪だ！
新聞に決算書と直筆の手紙掲載だ！
相棒弁護士チャーリー→

翌年ソロモンが2億9000万ドルの罰金を支払うことで事件は終結
やっと株価が上がった～！
社長
そしてバフェットは無償のままCEOの職を退いた
社長
時はその頃ITバブル
あのバフェットはIT株持ってないらしいぜ
もう御大もトシだね
うぇーい
うぇーい
うぇーい
が
あっさりバブル崩壊
投資家たち

レジェンドの先見はやはりレジェンドだった
そら見たことか
現在92歳
今も投資会社バークシャー・ハサウェイの会長兼CEOを務めるバフェットは
日本株は買わない主義から一転
日本の5大商社の株式をゲットしたよ
2023年の株式市場をザワつかせている

シケモク理論と成長株投資

「シケモク」とは道に落ちているタバコのことで、多少汚れていても、最後の一吸いはタダで吸える、すなわち割安株を買う1つの方法だが、バフェットは、それでは大きな利益を生み出さないことに気づく。そこでフィッシャーの考えを取り入れて成長株への投資も行うようになり、利益を増やしていった。

ソロモンの救済

バフェットは61歳のとき、人生最大の危機ともいうべき、ソロモン・ブラザーズの不正取引事件に巻き込まれる。基本的に株主は経営に口を出さないことをモットーとしていたバフェットだが、ソロモンが倒産し、金融界が混乱に陥ることを恐れ、ソロモンの暫定CEOに就任、事態を収束させる。

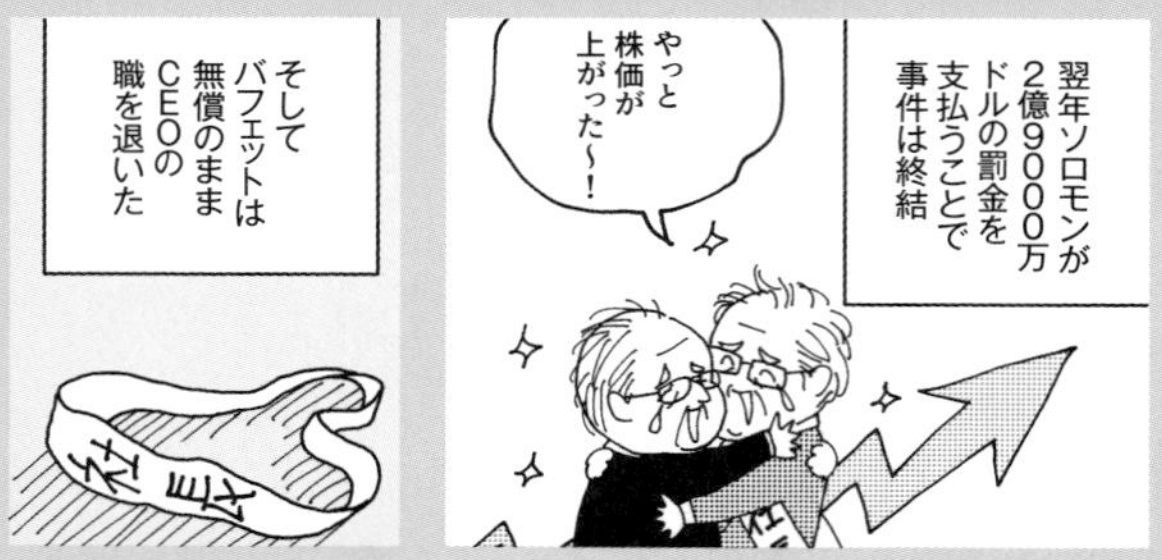

ITバブル崩壊

1990年代、IT株に手を出さなかったバフェットは、周囲から「時代遅れの投資家」などと揶揄されたが、その後のITバブル崩壊で相場が値崩れした際に株を買い集めた。「他人がどん欲になっているときは恐る恐る、周りが怖がっているときはどん欲に」という格言そのままに大きな利益を手にした。

世界恐慌

世界恐慌が始まったのは1929年、バフェットはその翌年に生まれているが、バフェットは後に、自分が母親の胎内に宿ったこの年を「私のすべてが始まった年」として「この年が大好きだ」と語っている。しかし恐慌で父は職を失い、バフェット一家は苦しい生活を余儀なくされている。

時は1930年！
20世紀
最大にして
最長
世界中を
巻き込んだ
世界大恐慌
真っ只中
その男は
生まれた!!

ビジネスへの関心

バフェットがビジネスに関心を持ったきっかけは、10歳の頃、図書館で見つけた『1000ドル儲ける1000の方法』という本だった。とくに、この本に書かれていた「複利効果」という言葉に強く惹かれた。そしてこの頃から「ビジネス」を実践し、11歳で120ドル（※）の貯蓄をしていた。

大恐慌の申し子
バフェット少年の
もっぱらの関心は
ビジネス
ウォーリー
遊ぼうぜー
新聞配達
終わったらね！

（※）現在の価値で約24万円

グレアムとの出会い

バフェットは19歳でベンジャミン・グレアムの著書『賢明なる投資家』に出会い、その本から定量分析の手法や割安の企業に投資する手法を学んだ。2007年のバークシャー・ハサウェイの株主総会で、76歳のバフェットは、「今でも19歳のときに本で読んだ考え方を実践している」と述べた。

そして
バフェット
19歳
割安の
株に投資
する……？
賢明なる投資家
なんだ
この本……
ほかの
指南書とは
全然違う……
その後
師となる
ベンジャミン・
グレアムの
著書に出会い……

超大物投資家バフェットの日本市場本格参入「バフェット効果」で日本株急騰？

「投資の神様」といわれるウォーレン・バフェットが、日本の5大商社株、さらには日本株にも参入しようとする真意はどこにあるのか？　バフェットの投資遍歴と合わせて考察する。

「投資の神様」が日本株に与えた影響

ジョージ・ソロス、ジム・ロジャーズと並んで「世界三大投資家」の一人に数えられ、さらには「投資の神様」「オマハの賢人」などの異名を持つウォーレン・バフェット氏（以下、一部署名記事以外は敬称略）。そのバフェットが、2023年4月、日本の新聞社のインタビューに答え、重大な発言をしました。

バフェットは、以前から保有していた日本の5大商社（三菱商事、三井物産、伊藤忠商事、

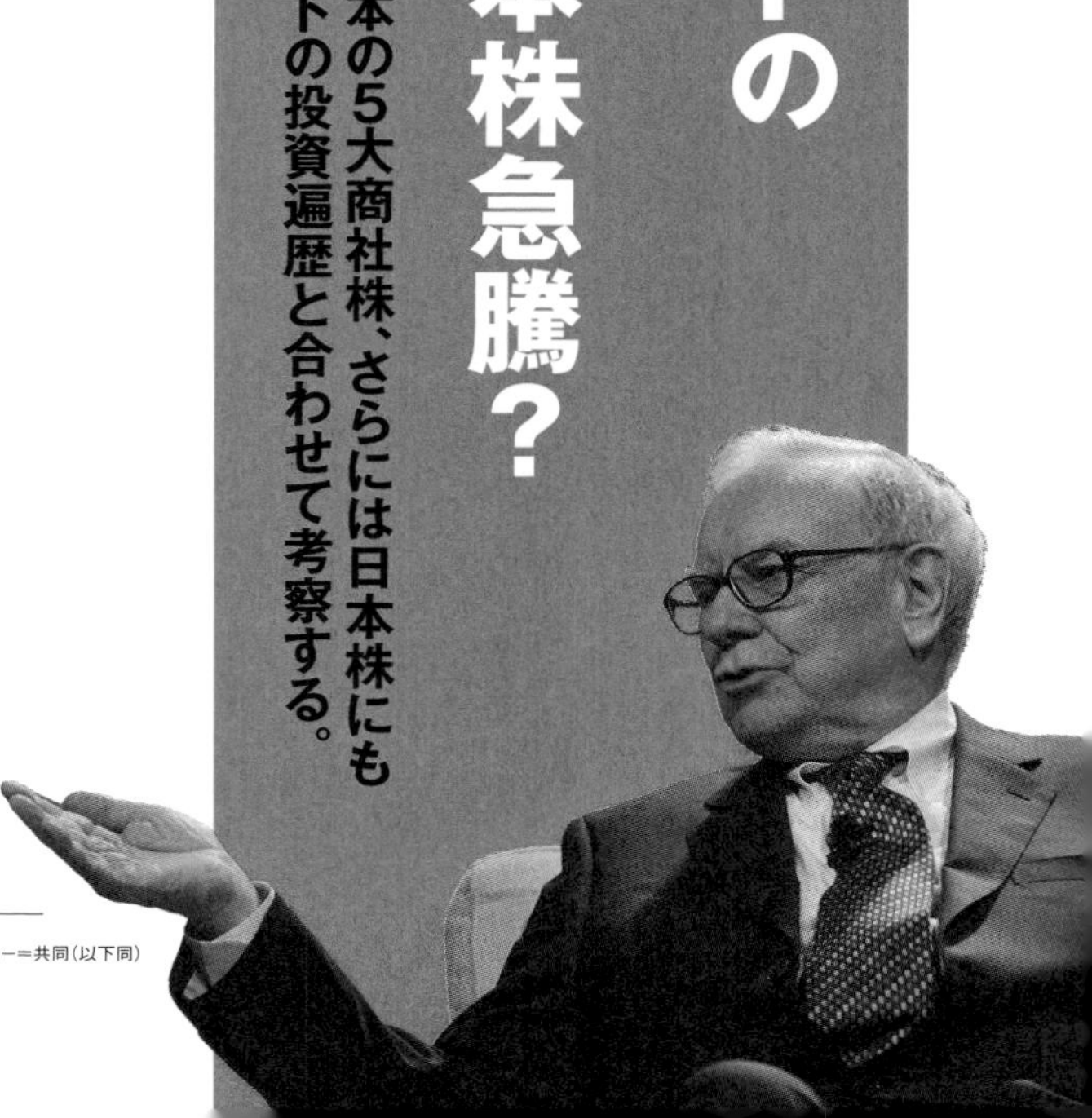

写真／ロイター＝共同（以下同）

図1　バフェット参入前後の日経平均株価の推移

出典：株探（https://kabutan.jp/）

住友商事、丸紅）の保有比率を高めたこと、さらには日本株への追加投資についても積極的な考えがあることを示したのです。

バフェットが日本の総合商社株の保有を明らかにしたのは２０２０年８月のことです。当時も投資家がバフェットに追随して日本株を買うこの「バフェット効果」で日経平均株価は大幅に上昇しましたが（図１）、２０２３年４月の発言により、総合商社の株価は再び軒並み上昇しました（図２）。

バフェットが、この時期に総合商社株を買い増し、さらにはほかの日本株購入にも乗り出す姿勢を示した理由は何か？　そもそも、それまで日本株を購入することがなかったバフェットが、なぜ総合商社の株を買ったのか？　本書でその背景を分析していきますが、まずはウォーレン・バフェットという人物の来歴から紹介します。

幼い頃からビジネスに目覚める

バフェットは1930年、世界大恐慌のさ中に、米国ネブラスカ州のオマハで生まれました。「オマハの賢人」といわれるように、90歳を超えた現在も、生まれ故郷のオマハにある質素な住宅に暮らしながら、投資会社バークシャー・ハサウェイの会長兼CEOとして投資活動を行っています。

バフェットは幼い頃からビジネスに関心を持っていたといわれます。きっかけは、10歳の頃、地元の図書館で見つけた『1000ドル儲ける1000の方法』という本でした。特に、この本に書かれていた「複利効果」という言葉に強く惹かれました。たとえば1000ドルの元手を年利10%の複利で増やせば5年で1600ドル、25年で1万ドルを超えます。この仕組みを知ったバフェットは、30代で百万長者になると宣言しています。

バフェットが初めて株を買ったのは、11歳のときで、姉のドリスとともにシティ・サービスの株を38ドルで3株購入しました。しかしその後株価は下落。バフェットは姉に対して責任を感じ、1株40ドルまで値を戻したところで売却しますが、シティ・サービスの株価はその後上昇し続け、結局バフェットは500ドル近い利益を得損ねました。この失敗からバフェットは、次の3つの教訓を学んだといわれます。

図2　三菱商事（8058）の株価推移（月足）

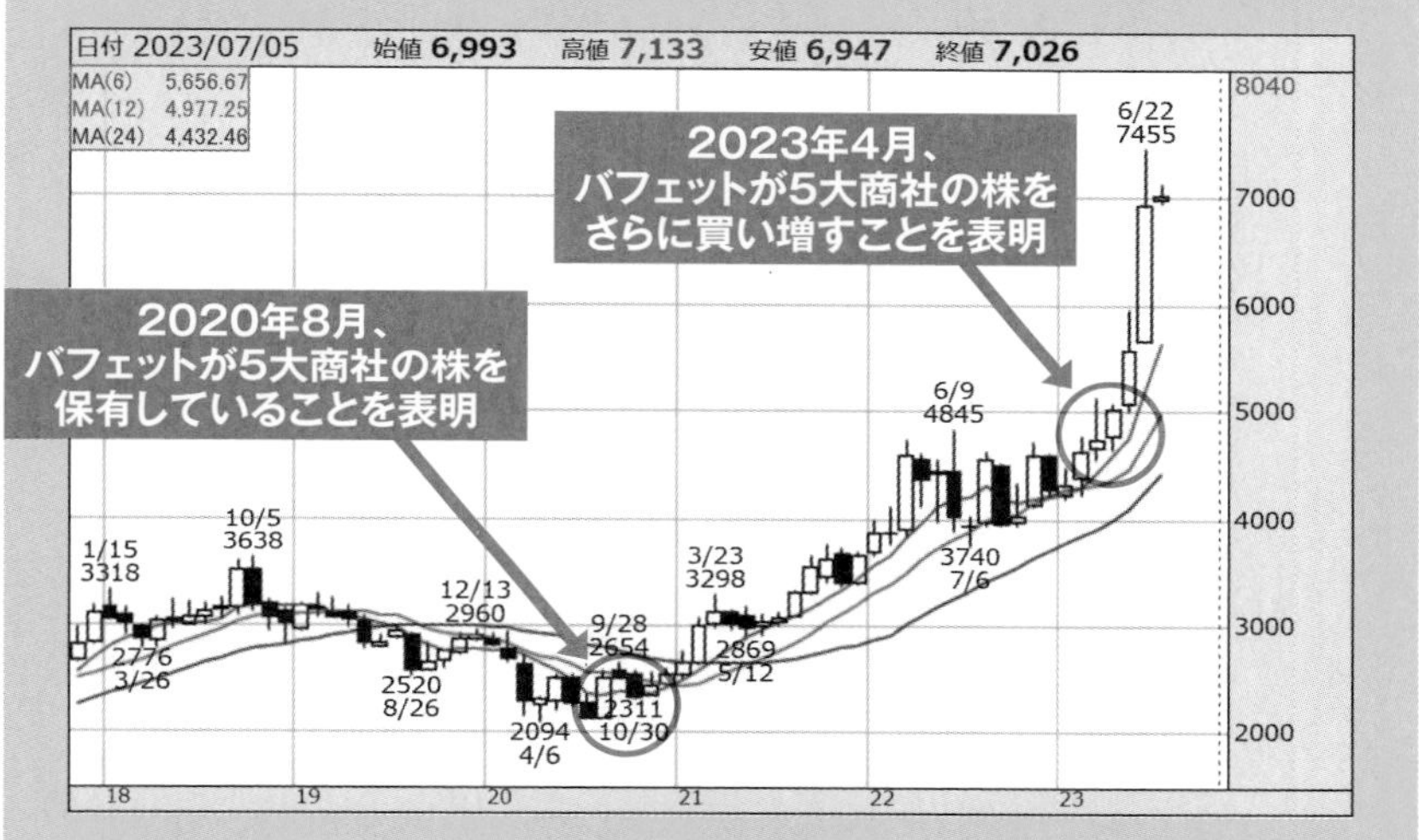

出典：株探（https://kabutan.jp/）

・買ったときの株価にこだわらない
・目先の利益にとらわれない
・安易に他人のお金で運用しない

この教訓は、後々バフェットの投資に活かされていくことになります。

バフェットは19歳でベンジャミン・グレアムの著書『賢明なる投資家』に出会い、投資についての新たな目を開かされました。バフェットはこの本から定量分析の手法や割安の企業に投資する手法を学びますが、特に感銘を受けたのは、「賢明な投資家は日々の株価でなく企業の本質的価値に注目する。詳細な分析によって『適正な株価』を判断し、それよりも値を下げている『割安の株』を買う」という内容でした。２００７年のバークシャー・ハサウェイの株主総会で、当時76歳のバフェットは、「今でも19歳のときに本で読んだ考え方を実践している」と述べています。

さらに、グレアムがコロンビア大学で教鞭をとっていることを知ったバフェットは、1950年、同大学のビジネススクールに進学し、グレアムから直接投資について学びました。バフェットは大学院で修士号を取得後、一旦故郷のオマハに戻り、父の証券会社で働きます。しかしその後、グレアムからの誘いで証券会社グレアム・ニューマン社に入社。同社はグレアムが重役を務めており、グレアムが引退するまでの2年間、彼の下で働き、多くのことを学びました。こうした若き日のグレアムとの関係が、その後のバフェットの投資手法に大きな影響を与えていったのです。

1965年、バフェットは、35歳でバークシャー・ハサウェイの取締役会長に就任します。バフェットは繊維会社だったバークシャー社を買収し再建に乗り出しましたが、最終的に繊維事業を立て直すことはできませんでした。しかし同社は保険事業を中心とした投資会社として生まれ変わり、多くの企業への投資を行うようになります。

グレアムとフィッシャーの投資理論に影響を受ける

グレアムに影響を受けたバフェットでしたが、一方でさまざまな投資案件を経験するうちに、グレアムから学んだ「まずまずの企業を素晴らしい値段で買う」という「シケモク理論」の限界を感じていました。そこでバフェットが新たに取り入れたのが、「素晴らしい企業をまずまずの値段で買う」というフィリップ・フィッシャーの「成長株投資」の理論です。バフェットは1972年、シーズ・キャンディーズを買収しますが、この買収はまさにフィッシャーの理論を実践したものでした。

後にバフェットは、「自分の85％はグレアムから、15％はフィッシャーからできている」と語っています。一見、バリュー投資家と見られているバフェットが、成長株へのグロース投資も行っているのは、こうした背景によるものです。

1990年代には、急速な情報通信産業の発展でIT関連企業の株価が高騰していたにもかかわらず、バフェットはそれらの株に手を出しませんでした。周囲からは「時代遅れの投資家」などと揶揄《やゆ》されましたが、その後のITバブル崩壊で多くの投資家たちは大きな損失をこうむり、バフェットの先見性が再評価されたのです。

「他人がどん欲になっているときは恐る恐る、周りが怖がっているときはどん欲に」

「自分の理解できない事業には投資しない」

こうしたバフェットの「格言」は、彼の投資手法を知る手掛かりになります。バフェットがマイクロソフトの創業者であるビル・ゲイツと懇意でありながら、マイクロソフトの株を買っていないのは有名な話ですが、この格言を見ればその理由も納得できます。

そして2020年8月、日本の5大商社の株式を取得したことを発表。日本株は買わないと明言していたバフェットにどのような心境の変化があったのか、この後検証していきます。

バークシャー・ハサウェイの保有銘柄からバフェットの投資手法の傾向と特徴を読む

ウォーレン・バフェット率いるバークシャー・ハサウェイの保有銘柄からは、バフェットの投資傾向が垣間見られ、バフェットが狙う「次の日本株」を探す手掛かりにもなる。

バークシャー社の「わかりやすい」ポートフォリオ

28～29ページの表は、2023年7月現在のバークシャー・ハサウェイの主な保有銘柄、いわゆる「バフェット関連銘柄」の一覧です。

見てわかるように、そのポートフォリオ（資産構成）はいたって「シンプル」です。バフェットの投資哲学も反映されているのかもしれませんが、まず、どの会社（銘柄）も「わかりやすい事業内容」であり、「著名なグローバル企業」であり、「高いブランド力」を持っています。

図3　バフェットの3つの投資手法の特徴

❶バイ・アンド・ホールド

バイ・アンド・ホールドとは、一度株式を購入したら、その後市場の変動があっても売買せず、長期間持ち続ける運用戦略で、バフェットやその師であるグレアムが提唱・実践していることでも知られています。最近の言葉でいえば「ほったらかし投資」です。実際、投資信託の運用などでは、積極的に売り買いをするアクティブ運用より、市場の動きに連動して長期に保有するパッシブ運用のほうが、長期的には大きな利益を得られるという統計もあります。

❷バリュー株投資

バリュー株投資とは、企業の現在の株価が、その企業の利益水準や資産価値などから判断して割安にあると考えられる銘柄を買う投資手法です。バフェットはこの手法をグレアムから学びました。ただし、いかに割安であっても、業績が悪ければ株価はいつか値下がりしてしまいます。そこでグレアムは、収益性や財務の健全性、適切な事業規模であるかなど、詳細に企業を分析して、企業の本質的な価値を見極める手法を提唱しました。

❸集中投資

株式投資でリスク（損失）を回避する方法は、複数の銘柄に少しずつ投資する「分散投資」といわれています。しかしバフェットは、「分散投資は、投資を知っている人にはあまり意味がない」といって、「本質的価値」の認められる少数の企業に集中投資を行うことで成果を上げてきました。しかし近年のバフェットは、複数の銘柄に投資するインデックス・ファンドを推奨するなど、分散投資の重要性も語っています。

さらに「株主重視の姿勢が顕著」な高配当銘柄が名を連ねています。

また、一般的な機関投資家は、一定期間で投資の結果を出さなければならないため、1つの銘柄を長期に保有することはあまりありませんが、バークシャー社の特徴は、バイ・アンド・ホールド、すなわち一度買った株は長期保有するということです。

そして、バフェットの格言「素晴らしい企業をまずまずの価格で買うほうが、まずまずの企業を素晴らしい価格で買うよりもはるかによい」(『バフェット投資の王道』、ダイヤモンド社)にあるように、「素晴らしい企業」を割安で購入するのがバークシャー社の常道です。日本の総合商社株に目を付けた1つの要因は、その「割安感」にあったともいわれています。

こうした投資法によって成長を続けてきたバ

ークシャー社ですが、同社の株価上昇率は、1965年にバフェットが経営権を握ってから2022年までの間では、年平均で約20％といわれています。アメリカの代表的な株価指標であるS＆P500の年平均上昇率が、算出が始まってからの65年間で約10％といわれているので、単純にS＆P500の2倍近いパフォーマンスを上げている計算になります。

バフェットはバークシャー社の共同経営者であるチャーリー・マンガーとともに、巨額の資金を使って株式投資を行い、資産を拡大してきました。オマハのビジネスビルの一角にあるこの投資会社が、いまでは世界有数の大企業になっているのです。

「格言」から読み取る「バフェット銘柄」の特徴

バフェットは1988年にコカ・コーラ（KO）株を買い始めました。バフェット自身がコカ・コーラを愛飲していたこともありますが、コカ・コーラの圧倒的なシェアとブランド力があれば、将来的に人々に変わらず飲み続けられるだろうと判断したからといわれています。

バフェットの有名な格言に、「10年、50年たっても信頼できるもの、みんながほしいと思うものを作る企業かどうかが重要だ」というのがありますが、コカ・コーラの事例は、まさにこの格言を実践したものといえそうです。

バフェットの「格言」は数多くありますが、その格言を見ると、バフェットがその銘柄を買った背景が類推できます。

JEF	ジェフリーズ・ファイナンシャル・グループ	金融（投資銀行業務・資産運用業務など）	32.88	10.8	3.65
JNJ	ジョンソン・エンド・ジョンソン	医療関連（コンシューマーヘルス・医療用医薬品など各分野のさまざまな製品を研究・開発・製造・販売）	162.81	24.2	2.73
KHC	クラフト・ハインツ	一般消費財（世界的な食料品会社）	35.85	18.8	4.46
KO	コカ・コーラ	一般消費財（ノンアルコール飲料、乳製品とエネルギー飲料を製造・販売）	61.03	27.9	2.88
KR	クローガー	サービス（食品の製造、加工、スーパーマーケット、コンビニの運営など）	47.04	15.4	2.1
LILA	リバティ・ラテン・アメリカA	IT・通信（主にラテンアメリカ・カリブ海地域で通信サービスを提供）	8.64	—	—
LPX	ルイジアナ・パシフィック	原材料・素材（住宅や屋外構造物に使われる高性能建築ソリューションを提供）	72.75	5.25	0.3
LSXMA	リバティ・メディア（リバティ・シリウスXMグループA）	サービス（米国とカナダで音楽・スポーツ等のコンテンツなどを提供）	33.05	—	—
MA	マスターカード	金融（クレジットカード・デビットカード・プリペイド決済等を扱う）	394.73	38.6	—
MCK	マケッソン	医療関連（医薬品、医療用品、ヘルスケア、美容製品などを全米で提供）	418.79	16.7	0.5
MCO	ムーディーズ	専門・商業サービス（企業・金融機関・政府機関等の債務に対して信用格付の発行・評価サービスを提供）	346.96	46.6	0.81
MDLZ	モンデリーズ・インターナショナル	一般消費財（スナック菓子と飲料製品の製造・販売）	73.22	37.4	—
MKL	マーケル・グループ	金融（子会社を通じ、米国内外で保険、投資、その他多様な事業を展開）	1,368.55	—	—
MMC	マーシュ&マクレナン	金融（世界の企業・政府機関・個人向けに、リスク管理・保険仲介・保険プログラム管理サービス・分析モデリングなどを提供）	186.03	30.8	—
OXY	オクシデンタル・ペトロリアム	エネルギー（原油および天然ガスの探鉱、開発、生産、販売などを手掛ける）	58.89	4.75	0.88
PG	プロクター・アンド・ギャンブル	一般消費財（米国の一般消費財メーカー大手）	152.24	26.2	2.31
PGRE	パラマウント・グループ	金融・不動産（米国内で、主にオフィスビルを対象とした完全統合型不動産投資信託を運用）	4.43	—	7
SNOW	スノーフレイク	IT・通信（メンテナンス費用がほぼ不要なデータクラウドの開拓に取り組む）	172.55	—	—
STNE	ストーン	IT・通信（ブラジルでシームレスな電子商取引サービスが可能な決済ソリューションを提供）	11.98	—	—
TMUS	TモバイルUS	IT・通信（消費者・事業顧客向けに、ワイヤレス通信サービスを提供）	139.56	67.8	—
UPS	UPS	運輸（主に米国でグローバル・サプライチェーンサービスと小口トラック輸送を手掛ける）	179.97	13.6	—
V	ビザ	金融（クレジットカード「Visa」をはじめとする決済サービスなどを提供するクレジットカードの世界最大手）	239.45	34.2	0.16
VRSN	ベリサイン	IT・通信（世界各地でネットセキュリティー、電子認証サービスなどの事業を展開）	222.45	35.7	—

【ETF】

SPY	SPDR・S&P・500 ETF	S&P500インデックス（SPX）に連動する投資成果を目指す	443.13	—	—
VOO	バンガードS&P・500 ETF	S&P500インデックスと同等の投資成果を目指す	407.15	—	—

図4 バフェット銘柄一覧

ウォーレン・バフェットがCEOを務める米投資持株会社、バークシャー・ハサウェイが保有する銘柄は「バフェット関連株」と呼ばれ、その持ち株の動向は市場の高い関心を集めている。同社の保有株を一覧で紹介する。（米国株のみ。この時点で日本株の保有株は5大商社のみ）

2023年7月5日現在。「株探（https://kabutan.jp/）」、「Yahoo!ファイナンス」などを基に編集部で作成

ティッカー	銘柄名	業種	株価（ドル）	PER	利回り
AAPL	アップル	IT・通信	191.33	31.3	0.47
ALLY	アライ・ファイナンシャル	金融（米国の金融サービス持株会社）	26.89	5.35	4.46
AMZN	アマゾン・ドット・コム	サービス（世界最大級のネット通販サイトなど）	130.38	—	—
AON	エーオン	金融（保険、コンサルティングなど）	338.46	27.9	0.65
ATVI	アクティビジョン・ブリザード	IT・通信（ゲームソフト）	82.87	43.2	0.57
AXP	アメリカン・エキスプレス	金融（クレジットカード、旅行業など）	175.57	17.8	1.18
BAC	バンク・オブ・アメリカ	金融（米国の大手銀行・金融持株会社）	29.08	9.12	2.96
BRK.B	バークシャー・ハサウェイB	損害保険のほか鉄道貨物輸送、電力配給や、製造、小売、サービスなど、さまざまな事業を展開	341.56	—	—
C	シティグループ	金融（米国の金融サービスの持株会社）	46.8	6.69	—
CE	セラニーズ	原材料・素材（工業用化学品・先端材料メーカー）	114.54	6.61	—
CHTR	チャーター・コミュニケーションズ	サービス（家庭・企業向けに定額制のインターネットサービスなどを提供）	367.65	12	—
COF	キャピタル・ワン・ファイナンシャル	金融（米国の金融持株会社）	109.12	6.09	—
CVX	シェブロン	エネルギー（世界で事業を展開する総合エネルギー会社）	156.31	8.55	3.63
DEO	ディアジオ	一般消費財（英国ロンドンに本社を置く、高級アルコール飲料メーカー）	172.9	97.1	0.56
DVA	ダヴィータ	医療関連（米国の医療サービス企業）	101.36	17.3	—
FND	フロア&デコア	原材料・素材（米国の建材販売持株会社。床材・フローリングの専門小売業）	103.56	37.3	—
FWONA	リバティ・メディア（フォーミュラ・ワン・グループA）	サービス（米国のメディア関連企業。モーターレース世界選手権の独占的商業権を保有）	69.61	—	—
GL	グローブ・ライフ	金融（生命保険・医療保険など）	109.64	14.7	0.76
GM	ゼネラル・モーターズ	自動車（自動車・自動車用部品の設計・製造・販売）	39.42	6.43	0.46
HPQ	HP	IT・通信（米国の大手コンピューターメーカー）	30.68	10.1	3.26

バークシャー社の投資銘柄とその背景を読み解いてバフェットの次なる投資戦略を占う

バフェットがバークシャー・ハサウェイ社の会長になってから今日までの約60年間の保有銘柄の推移から、バフェットの投資傾向を読み解き、次なる狙いを予測する。

割安株投資から将来の成長株投資へ

バフェットがバークシャー・ハサウェイ社の取締役会長に就任したのは1965年のことです。当時35歳のバフェットは、まだグレアムの割安株投資の理論を実践していました。

バフェットの投資傾向に変化が見られたのは、1972年のシーズ・キャンディーズ買収のときです。1921年に開業したこの会社は、「キャンディーズ」という名称ながらチョコレートで有名な会社でした。大恐慌の荒波も乗り越え、地元民だけでなく観光客からも人気のあるブランド力を持つこの小さな菓子メーカーの将来性に賭けて投資したバフェットは、その後大きなリターンを得ることになります。バフェットが買収したとき同社の年間売上は3000万ドルでしたが、2021年現在では売上高年間3億8000万ドルの企業に成長しています。この頃からバフェットは、フィッシャーの理論を応用して将来的に成長の見込める企業にも投資を始めるようになります。

また、経営者の資質を見て投資判断をするのもバフェットの特徴です。1973年のワシントン・ポストへの投資、1976年の当時赤字だった保険会社ガイコへの投資などはその一例です。バフェットがバークシャー社の株主に対して「私たちが身近に見てきている『投資先企業のCEOたちの能力』は、幸いにも傍観者として眺めることができるその他大勢のCEOたちの能力とは際立った違いがあります」（『バフェットからの手紙　第5版』より）と述べているように、投資先の経営者の目利きに対しては絶対の自信を持っているようです。

国際情勢を見て投資先を変える

バフェットは、自分の好みの会社の株を買うことでも有名です。その代表例が、コカ・コーラ（KO）とマクドナルド（MCD）の株式の購入です。いずれもバフェットの大好物で、朝食は毎日マクドナルド、コーラは1日5本飲むといわれているほどです。

コカ・コーラの株は1988年に購入し始め、2023年7月現在、まだ保有しています。

マクドナルドの株は1996年に購入し、1999年には売却していますが、後にこの売却を後悔しているとのコメントも残しています。

1990年代のITバブルの頃には、IT関連株に手を出さず、そのおかげでITバブル崩壊時にはまったく損失の痛手を被らなかったという逸話は先に説明しました。これらの投資行動に関係する格言として「自分の理解できない事業には投資しない」というバフェットの言葉が浮かび上がります。バフェットがマイクロソフトの創業者であるビル・ゲイツと懇意でありながら、マイクロソフトの株を買っていないのは有名な話です。

しかしその後、バフェットは2011年にIBM（IBM）、2016年にアップル（AAPL）の株を購入し、2022年にはヒューレット・パッカード（HP）に巨額の投資をしています。IT業界への投資も事実上「解禁」されたようですが、何よりアップルへの投資の成功が、バフェットの投資判断に大きな影響を与えていることは想像に難くありません。

2023年に入り、バークシャー社は、資源エネルギー株への投資に力を入れています。これはバフェットが将来を見越して、インフレに強い資源株を押さえたという見方が有力なようですが、その延長で、同じく資源エネルギーを扱う日本の総合商社を買い増したのではないかといわれています。中台関係の地政学的リスクを考慮し、世界最大の半導体メーカー台湾積体電路製造（TSMC）の保有株を売却するなど、国際情勢を見ながらポートフォリオを組み直しているのも、バークシャー社の最近の投資傾向といえるでしょう。

図5　バフェットとバークシャー社の投資の歴史

1972年
シーズ・キャンディーズの買収

1973年
ワシントン・ポスト株の購入

1976年
経営が悪化したガイコに投資

1987年
ソロモン・ブラザーズに投資

1988年
コカ・コーラの株を買い始める

1991年
ソロモンの不正取引事件が発覚
バフェットが同社CEOとなって事態収拾に乗り出す

1996年
マクドナルドの株を購入

2016年
アップルの株を購入

2020年
日本の5大商社の株を保有していることを発表

2023年
シェブロンなどの資源エネルギー株を大量購入
台湾積体電路製造（TSMC）の保有株を売却したと発表
日本の5大商社の株を買い増したことを発表

出典：株探（https://kabutan.jp/）

Buffett's Investment Strategy

株を5年間保有するとバフェットの本質が見えてくる！

つばめ投資顧問代表
▶ 栫井《かこい》駿介さん

1986年、鹿児島県生まれ。大手証券会社にて投資銀行業務に従事した後、2016年に独立し「つばめ投資顧問」を設立。バフェットが語る通り、投資の鍵は企業の「価値」を見抜くことであり、それには企業分析が欠かせないと考え、投資知識を伝え共有することで投資家の「集合知」を作ることを目指す。社名の「つばめ」には、元来持つ「多くの人が集まる」という縁起に加え、雨のときに低く飛び、やがて高く舞い上がる姿を長期投資と重ね合わせている。

本書でバフェットを学ぶことにしたみなさんは、幸か不幸か長期投資に足を踏み入れました。最低5年間は辛抱して保有し続けましょう。その理由を、ぜひお読みください。投資を楽しんで続けることで、長期投資が皆様の幸せにつながることを願います。

バフェットも時代に合わせ手法を変化させている

ウォーレン・バフェット。その名を知ったのがいつのことなのか正確には覚えていませんが、すでに大学時代には記憶にあったように思います。

私は経営の勉強がしたくて、大学では経済学部に進学し、主にコーポレート・ファイナンスを学んでいました。そこでバリュエーション算定を学び、就職した証券会社では投資銀行業務に従事、ＩＰＯやＭ＆Ａなどを手掛けていました。30歳になるのを機に独立をする際、身に付けてきたバリュエーション算定の知識を最大限生かしているのは誰かと考えたとき、それがバフェットだと初めて強く意識しました。

バフェットには2つの投資軸があると考えられています。1つがグレアムのような割安性を買う軸。もう1つがフィッシャーのように成長性を買う軸です。実際、バフェット自身も「私の85％はグレアムから、残りの15％はフィッシャーからできている」と語っています。

バフェットは１９６５年に繊維業のバークシャー・ハサウェイの創業家との衝突の後に経営権を取得しましたが、初めは同社を長期保有したいと思っていたわけではありませんでした。同社の株式が清算価値（企業が事業継続を諦め保有資産を全て売り払った際に得られる金額）を大きく下回って取引されていることに目を付け、経営者に適正な価格で買い戻させることを期待したものでした。彼は、このような投資手法を「シケモク投資」と呼んでいます。道に落ちているタバコを拾えば、それは多少汚れているかもしれませんが、最後の一吸いはタダで吸うことができるという考え方です。しかし、必ずしもそこに彼の本質はないように思います。

結局買い戻しには至らず、１９７０年からバークシャー・ハサウェイの会長として、現在では有名となっている株主への年次報告書を執筆し始めることになります。

彼の投資遍歴を紐解くと、もともと米国の経済成長に合わせるかのように株価も上昇を続け、ネットネット株と呼ばれる当初のグレアムが言うような割安株がなくなってきたこと、そしてただ割安なだけの株よりも、米国という国や企業の成長のリターンを得ることのほうが理にかなっているとの判断があったものと思います。

それが彼の名言の1つ、〝そこそこのビジネスを素晴らしい価格で買うことを忘れなさい。その代わりに素晴らしいビジネスをそこそこの価格で買いなさい〟というものにつながると考えています。

バフェットの神髄は長期投資にあり！

バフェットは1988年にコカ・コーラ（KO）株を買い始めました。しかし、成長性に重きを置いた投資はまれで、私の知る限りこのコカ・コーラぐらいしか見当たりません。

相場が大きく動かないときには、彼は石油などの資源株や金融株を買うことが多いですが、それは、石油は埋蔵量次第で財務もわかりやすいという背景があるように思いますし、金融株も貸付金は現金と変わらないから、保有する資産規模の算出がしやすくわかりやすいというバリュエーション算定が根底にあるからだと考えます。

バフェットは、参考にするのが難しい投資家の一人だと思います。買ってからの忍耐力が必要であり、かつただの忍耐ではなく分析が必要で、本当の意味での企業の価値、クオリティを確かめていくことが重要になるからです。今回の日本の商社買いも、株価が割安であるというところから目を付け、理解を深めながら2023年4月の来日に合わせて買い増ししています。

確かに増収増益で配当利回りも高く増配を期待できるという側面もありますが、指標から見て明らかにバリュエーション水準の割安感から買い始めているものと思われます。事実、株価が2倍だったら買わなかったと本人も語っています。そしてその後、来日して経営を見てこれなら安心して持ち続けられると判断したのだろうと考えます。もし、経営が優秀かどうかを重視したり、個別の会社の成長性などを吟味して購入を決めたなら、5社をまとめて購入することはしていないはずです。

また、金利が安い円債を発行してしっかりと円を調達してから投資を開始している点からも、この考え方がよくわかります。日本株を選んだことはマクロから見た視点も含まれています。コロナ前から日本の金利は米国より安かったのですが、米国の金利が上がる中で、低金利で借りて利回りの高い日本株に投資することで利益を得ることができるというのは自然にたどり着く結論ではないかと思うのです。ほぼゼロ金利で4～5％の配当を得られ、しかもその投資先は割安であるうえに増配余地もあり、ある程度の成長期待もある。完璧なストーリーの上に成り立ったアービトラージ、裁定取引だと感じます。

5年間保有して答え合わせをすることで大切なことが見つかる

バフェットは参考にするのが難しい投資家の一人だと思うと先ほど述べました。本書の中にもバフェットの名言を取り上げたページがありますが、普段のバフェットは説明が回りくどく、言葉遊びを楽しんでいるようにすら感じられます。一般的なビジネスの場なら無視されてもおかしくありません。それでも発する言葉が、深いのか、ただわかりにくいのか、その絶妙なところをついているからこそ、聞き手側が一生懸命考えて解釈をしようとするところに、人が引き付けられるのかもしれません。

バフェットも一人の人間であり、いろんな場面でいろんな感情でいろんな発言をしています。それらを体系的に学ぼうとするのは非常に難しい作業だと個人的には思います。そんな彼を見ていて、彼の投資の成功の秘訣というか本質は、長く持つというところに大きなポイントの1つがあるように思います。

バフェットに限りませんが、投資を学ぶ上で大切なのは、まずは仮説に基づき何か銘柄を買ってみることだと思っています。そして後にその投資を振り返ってみて、初めて答え合わせが可能になります。この答え合わせをするという作業がとても大切なことだと考えています。つまり、バフェットの投資手法を学ぶなら長期投資がベースとなるため、答え合わせのためには5年ぐらい保有し続けることがとても重要になるということです。

「目をつぶって死んだふりをしろ」ということではありませんが、とにかく良い時期も悪い時期もぐっとこらえて5年間保有し続けるのです。そうして5年後に改めて自分の保有株について振り返って見てみます。そうすればバフェットが述べたかったことは、実はこれだったのではないかということがようやく見えてくる、そう思うのです。もちろん5年後の成果は保証できませんが、それでも途中で売ってしまっているとわからず、気づかぬままに終わってしまいます。それでは、絶対にバフェットを学んだことにはならないのだろうと考えています。

私自身、答え合わせをしながら体感として理解できてきたことがいくつもあります。投資を始めたばかりのころは、銘柄選択はかなりバリュー寄りでした。その投資結果を長期の期間を経て見つめ返しながら、たとえばPER（株価収益率）が低い銘柄は5年経ってもPERが低いままであるようなことが文献などではなく経験としてわかってくるのです。同様にPERがある程度高いまま成長を続ける銘柄があり、それがなぜなのかが少しずつ理解できるようになっていきます。この体験で理解できたことは、株価は業績に連動するのだということ。それが文献や知識での理解ではなく体験として体に沁み込んでいくのです。

そうして初めて、バフェットがいう「そこそこの会社を素晴らしい（割安な）値段で買うよりも、素晴らしい会社をそこそこの値段で買いたい」という言葉の意味は、こういうことだったのだ、という気付きにつながるのではないでしょうか。「1ドルのものを40セントで買う」ことの本質は、まさにこのことだった、というように。

バフェットがいう素晴らしい（成長する）会社をできるだけ安く買いたいという願いは、二律背反であるため、簡単には実行できません。実現するのはとても難しいため、どこかを我慢する必要があります。その我慢をどこに置くかということを、まさに経験によって学んでバランスを取っていく作業が必要なのだろうと思います。それを学ぶ上で必要なことが、この5年間保有した結果として経験していくことにあるのだろうと思います。

そこから先は、自分にこのやり方があっているかどうかという考察がとても重要になります。バフェットのやり方や考え方が自分の性分に合わない人だっているのです。もしそうだとするならば、それでは次は、「自分が知っているものに投資しろ」や「テンバガー」などの言葉を世に送り出したピーター・リンチも学んでみよう、というように、さまざまな経験値を増やしていくことをお勧めしたいと考えています。バフェットはあくまでも偉大な投資家の一人でしかなく、投資手法は世の中に沢山あるわけですから。

バフェットの好みに合いそうな日本株

割安と成長は別の軸としてみる必要がある、そして、バフェットの場合は特に割安であることが優先されるように思うと述べました。その考えを具体的に理解しやすいように、日本株に置き換えて少し考えてみたいと思います。

先ほど、バフェットは資源株をよく買うという話をしました。それでは日本株なら国内外で石油・天然ガス等の権益を持つ大手石油開発企業ＩＮＰＥＸ（１６０５、旧：国際石油開発帝石株式会社）を買うのではないかと単純に考えられるかもしれません。しかし、米国にも同じセクターがあって、なおかつ米国の企業に国際優位性がある分野はわざわざ買うことはないのではないかと私は考えます。

もし買うなら通信のＮＴＴ（日本電信電話／９４３２）やＫＤＤＩ（９４３３）、特にＮＴＴでしょう。通信分野は米国にもＡＴ＆Ｔ（Ｔ）があるじゃないかという声が聞こえそうですが、ＡＴ＆Ｔは事業の中にメディア事業もあったりと、純粋な通信事業者ではなくなっていることや、固定電話事業は事実上の独占に近いことから、事業を国内単位で考えやすいという背景もあります。自社株買いも行っており配当利回りも３％以上あって、バフェットの購入対象になるのではないかと思ったりします。

また金融系、特に損保なども対象になるのではないでしょうか。損保大手３社、東京海上ホールディングス（８７６６）、ＳＯＭＰＯホールディングス（８６３０）、三井住友海上火災保険とあいおいニッセイ同和損害保険を傘下に抱えるＭＳ＆ＡＤインシュアランスグループホールディングス（８７２５）の中でも最大手の東京海上が群を抜いているように思います。このセクターを買うならバルク買いにはならないと想像します。

また、三菱地所（８８０２）も気になります。割安で、賃料収入も安定していて、マンション関連も相対的に少ないため事業リスクが少ないというのは魅力です。10年以上株価が上がっていないという点も逆に注目される要因になるのではないでしょうか。

ただ、不動産関連に関しては、コロナによるリモートワークの推進などがあり世界的にも不動産リスクが意識されるところです。オフィスの過剰供給問題もあり、日本国内については地震のテールリスク（テール：騰落率分布の端や裾野の意）もあります。このような、まれにしか起こらないはずの想定外の暴騰・暴落が実際に発生するリスクについても多少意識されるかもしれません。

バフェットが数少ない成長株として買ったのがコカ・コーラだと思っていると先ほど述べましたが、そのコカ・コーラに似ていると思うのが日清食品（2897）。国民食として日々、繰り返し購入して食べる人がいるという強みがあります。キッコーマン（2801）や味の素（2802）なども類似の株になると思いますが、日清食品に比べると若干株価に割高感があるため選ばれにくいのではないかと思います。

すでに購入済みの商社株は値上がりしており、配当利回りが3％程度に落ちたものの、先に書いた購入の全体的なストーリーは変わっていません。なので当面売却するようなことはないと考えます。

「能力の輪」の中で投資し、その「輪」を広げる努力が大切

ここまでバフェットが新たに日本株を買うならこのような銘柄になるのではと述べてきました。バフェット自身も、ほかの日本株も投資の対象となりうると言っています。しかし、それはリップサービスのような気がしています。いろいろと銘柄を挙げてみたものの、結局のところ、その他の株ではなく、更に商社株を買い増す可能性のほうが高いのではないかというのが

図6　能力の輪

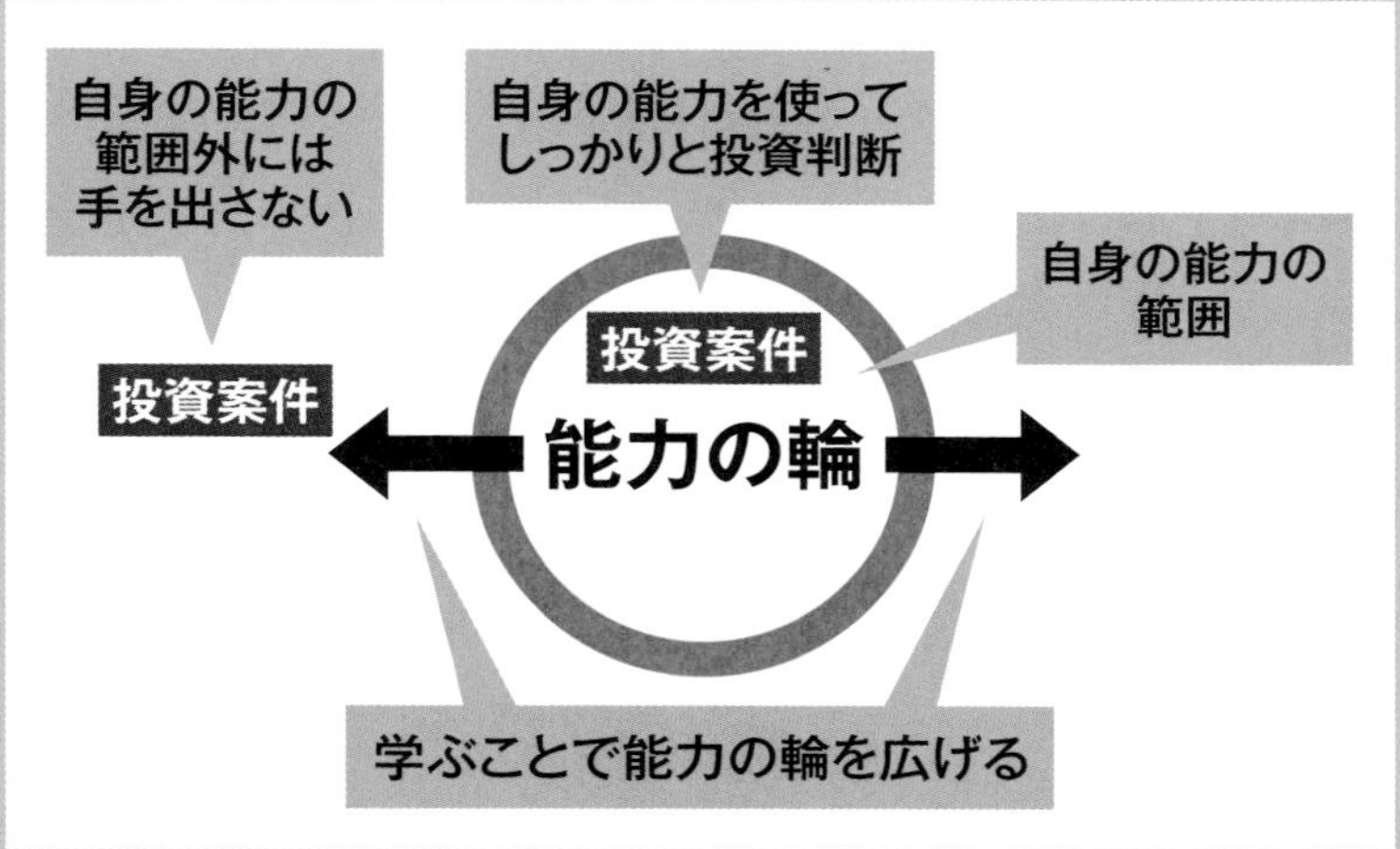

私の見解です。なぜなら、彼は一貫して、自分が知っているものに投資するというスタンスだからです。さまざまな事業に投資を行う日本の商社は、同じく投資コングロマリットであるバークシャーと似通っているため、分析はお手の物なのだろうと想像できます。それは彼の中に「能力の輪」という考え方があるからだと思います。自分の「能力の輪」の中にあるものに関しては即決断できるぐらいの自信を持って投資をするが、「能力の輪」の外にあるものに対しては、決して飛びついたりしないのです。

誰かが、とてもいい銘柄だと説明してくれたとしても、その説明が理解できない、つまり自分の「能力の輪」の外にあるうちは、安易に手を出さないという姿勢が大切だということです。いつか自分の「能力の輪」の中に、それが収まるよう、日々学んでいかなければならないということでもあります。

ちなみに商社株の今後について、株価という意味では資源価格次第というところでしょう。資源価格が下がれば、株価も落ちる可能性が高いのはいわずもがなですが、現在の資源価格は戦争というよりも、インフレそのもので上がっていると感じます。このインフレは慢性的な金融緩和によるインフレという要因が強く、今後も多少景気が悪くなってもこのインフレの傾向は続くのではないかとみています。

投資をしたうえで何をしたいのかが大切

さて、10兆円の資産を築いたバフェットは、一体何を目指しているのでしょうか。その話をしたいと思います。

「幸せと金は別物である」これは彼の名言で私も好きな言葉の1つです。世界第2位の富豪がこの言葉を使うと重みが違いますね。私はつばめ投資顧問という会社を立ち上げ、多くの個人投資家の皆様へのアドバイザリー業務を行っています。そのお客様の中には、とにかく儲けたいという方々ももちろんいらっしゃいます。しかし、丁寧にお一人おひとりの話を聞くと、もうすでに十分な資産や資金をお持ちの方もいらっしゃいます。でも、もっともっと資産が欲しいと、世の中彷徨《さまよ》う人も多いのではないでしょうか。

本当にみなさんが実現したいこと、やりたいことは何なのだろうと考えたとき、1つ気づい

図7 YouTubeで学ぶ

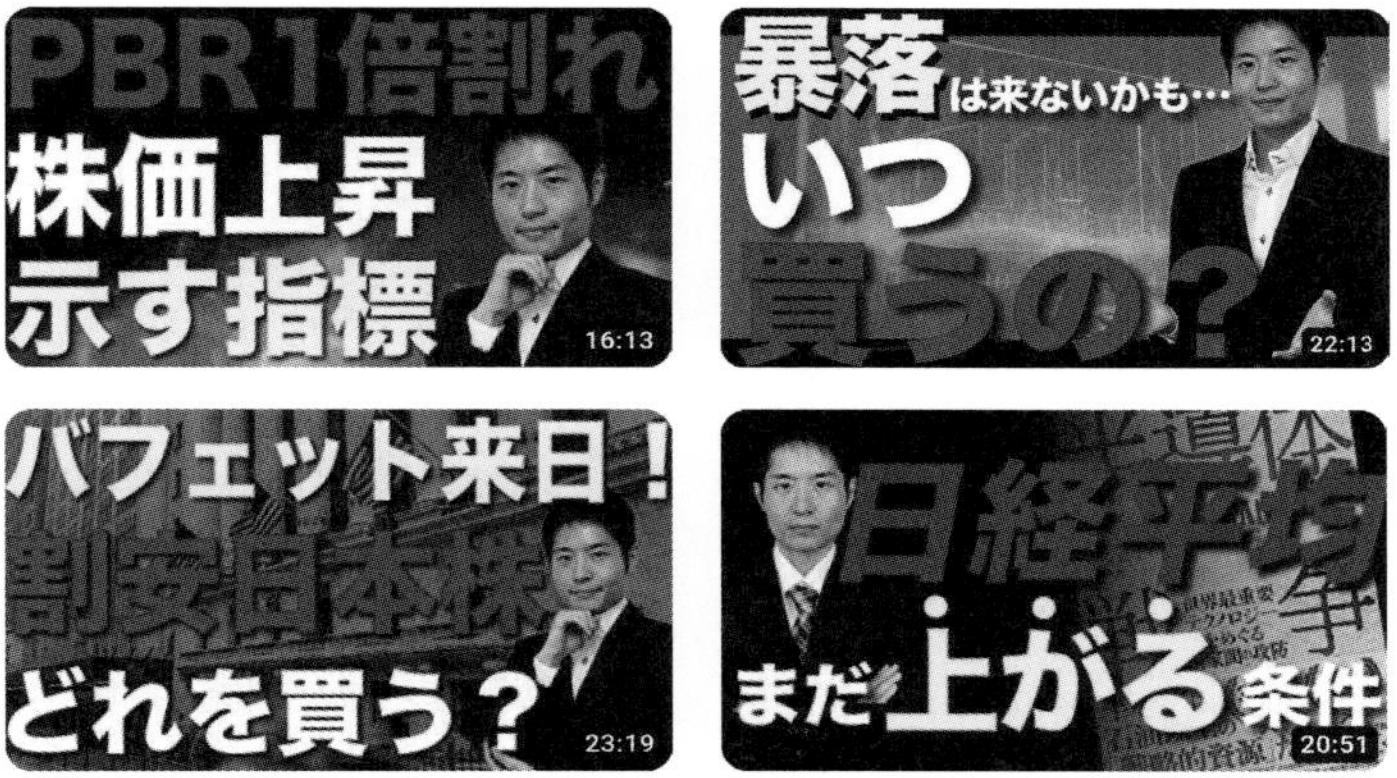

たことがあります。資産をある程度築けたのに、それでも投資をずっと続ける人は、実は投資自体を楽しんでいるのではないかということです。なぜなら、投資をしているとき、あるいは投資の話をしているときが一番楽しそうだからです。そこは儲けていても損をしていても実はあまり関係ないのかもしれないとさえ思えてきます。銘柄をあーでもない、こーでもないと考えを巡らせて、ときに熱い議論を仲間とするのが楽しくて仕方がない。そのような人に出会うと、それはもう、『お金ではない何か』を掴むことができた人なのではないかとさえ思います。

　ひょっとすると10兆円といわれる資産を築いたバフェット自身も、その領域にたどり着いているのかもしれません。バフェット自身、資産を何かに使う気もありそうに見えませんし、かといってゲーム感覚で博打的に楽しんでいる風でもなく、ただ自分が「能力の輪」の中で選んだことに対して、世の中が導き出す結果がどうなるのか、正解だったのか不正解だったのか、それを検証して楽しんでいるように感じられてなりません。

長期投資はマラソン、他人との比較ではなく走ることに意味がある

株式投資をすると、ついつい周りに惑わされてしまうことが多くあります。たとえば、株式投資に関するＹｏｕＴｕｂｅで動画が再生されるのは、目先株価が騰がっていて注目されている銘柄を取り扱ったものになりがちです。私自身も、動画を見てもらうためにそのような銘柄を取り上げることがどうしても多くなってしまうのですが、それはまずは見ていただくためと割り切り、ある程度覚悟のうえで行っています。本来は、学ぶべき内容に最適な銘柄で説明し、しっかりと地に足の着いた勉強をするべきと思いますし、そのような場を沢山提供していきたいと考えています。時間はかかりますが、だからこそ学んだことからリターンが得られるのです。

投資は結果が出ない時期に、周りとパフォーマンスを比べて辞めてしまう人も多いです。継続していく秘訣は頑張るよりも楽しむことかもしれません。自分の成長が目に見える環境を作ってあげれば、継続することが楽しいと思えるはずです。新しいチャレンジを継続していく

には、自分が思っているよりも大きなエネルギーが必要になります。私はマラソンを趣味の1つにしていますが、継続は長いマラソンみたいなものです。周りのペースに惑わされず、走ることそれ自体を楽しめるくらいのスタンスが必要かもしれません。

長期投資でゆっくり金持ちになることのほうが簡単

最後に、バフェットの言葉を1つお送りしたいと思います。

「短期間に急いで金持ちになろうとしてはいけない。それよりも金持ちであり続けることのほうが重要だ」という言葉です。

早くお金持ちになる可能性があるということは、早くお金を失う可能性があることも意味します。早く金持ちになることはとても難しい作業ですが、逆にゆっくり金持ちになることは、それに比べて比較的簡単であるとも言えます。

長期投資の本質は、「素晴らしい企業を持ち続けること」です。バフェットの投資を知ることで、それを学ぶことができます。長期で持ち続けられるマインドと、その株を選び、持ち続けてよいかどうか判断する分析力とがセットになればバフェットにより近づくことができるものと思います。

あなたが投資する目的は何でしょうか？

長期投資を通じて、一人でも多くの人が、幸せになれば幸いです。

バフェットの投資格言と関連銘柄

バフェットの投資手法を知るためには、まずその格言を知ることが早道といわれる。
投資初心者から上級者まで役に立つ、バフェットの格言とその意味を紹介する。

> ベン・グレアムと
> フィル・フィッシャーを読みなさい。
> 年次報告書を読みなさい。
> そして、ギリシア文字が入ったような
> 方程式を使うのはやめなさい

バフェットは、投資の師であるベンジャミン・グレアムの割安株投資と、フィリップ（フィル）・フィッシャーの成長株投資の理論を融合させて、独自の投資スタイルを築き上げました。

バフェットの別の格言に、「まずまずの企業を素晴らしい価格で買うよりも、素晴らしい企業をまずまずの価格で買うことのほうが遥かに良いのです」というものがあります。これは、グレアムの理論からフィッシャーの理論に投資スタイルを転換させたかのような印象を受けますが、実際には両者の理論を融合させ、「クオリティの高い会社の株を、その価値に対して割安の値段で買い、長く長く保有しつづける」という勝利の法則を作り上げたのです。さらに、この2人の理論と年次報告書さえ読んでいれば、ギリシア文字が入ったような方程式を使って投資判断をする必要はないともいっています。

株式市場の乱高下は、敵とみなすのではなく、友とみなしたほうがよい。また、愚行は参加するものではなく、利用するものである

1990年代のITバブルのとき、バフェットは投資家が狂乱しているIT株に手を付けず、ITバブルが崩壊して株価が暴落した銘柄を買い集めたといわれています。バフェットは、

図8　コカ・コーラの株価推移（年足）

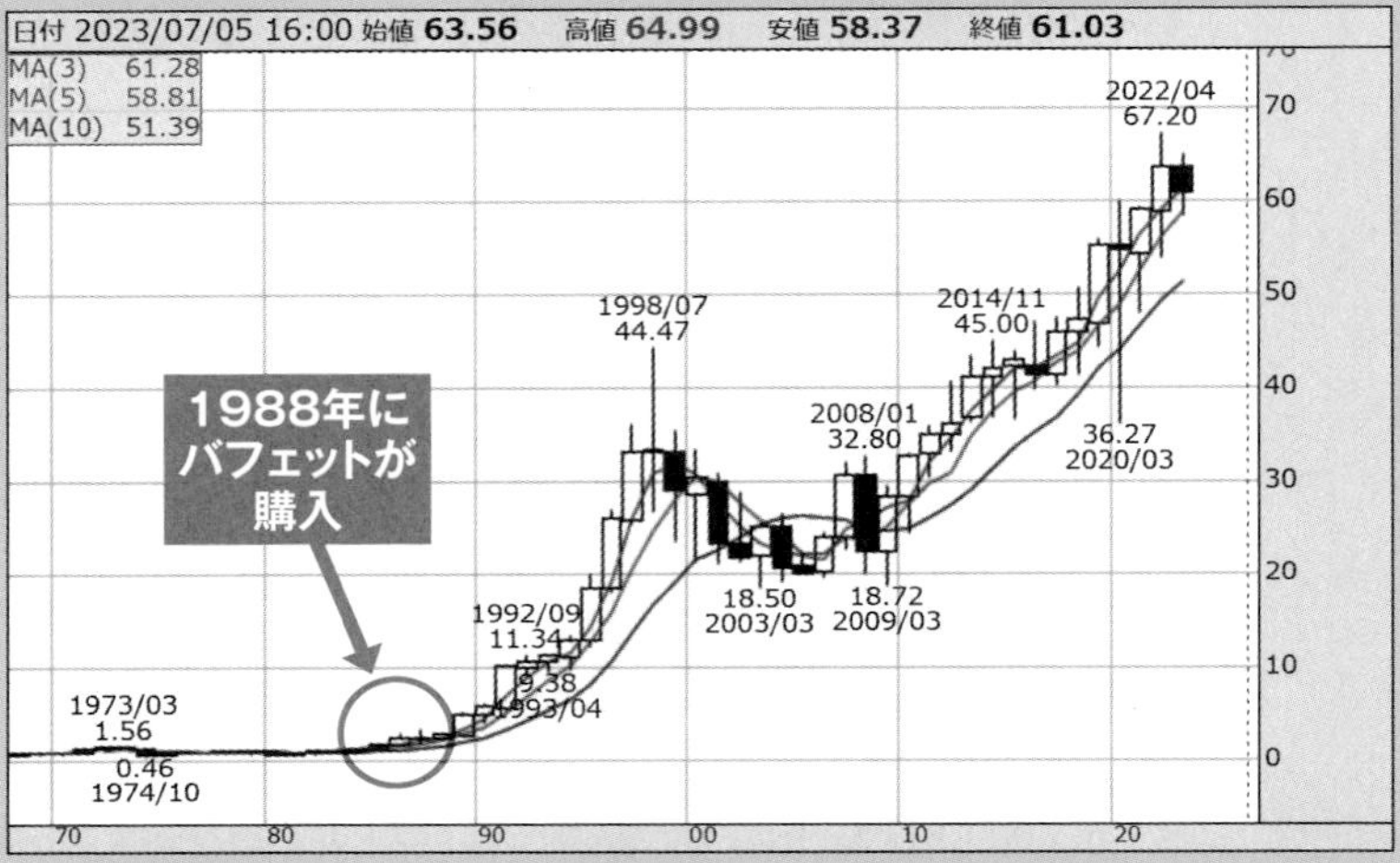

出典：株探（https://kabutan.jp/）

そうした短期的な予測で取引を行う「愚者」が市場に殺到して「愚行」を行っているときには市場に参加せずそれを傍観し、「愚者」が退場して株価が暴落したら、市場に参加して株を買うというスタンスをとってきました。

また、バフェットは、「株を買うとき、わたしはレミングの集団移動の逆張りをする」ともいっています。レミングの集団移動のように、投資家がこぞって買っているときでなく、売っているとき、つまり「逆張り」で買うのです。

ワシントン・ポストやコカ・コーラ、ウェルズ・ファーゴなどの株はいずれも株価暴落時や低迷時に買ったもので、どの株もその後、バフェットに大きな利益をもたらしました（図8コカ・コーラの株価参照）。

我々がすべきことは単純だ。他人が強欲なときに臆病になり、他人が臆病なときに強欲になりさえすればいい

これは前の格言を別の言葉で表現したものともいえます。強気相場のとき、人々は強欲になって株を買い集め、さらに市場の参加者も増えていきますので、株価は上昇していきます。しかしそういうときこそ自分は臆病になって、市場と距離を置くべきだといいます。やがて弱気相場になり、人々が臆病になって株を売りまくると、株価は暴落していきます。そういうときに今度は自分は強欲になって、今まで買いたくても買えなかった株を買いまくるのです。

すべてを考える必要はない。ほかの人の肩の上に立つのはちっとも悪いことじゃない

これは万有引力の法則などで有名なアイザック・ニュートンが用いた「巨人の肩の上に立

つ」という言葉にヒントを得た格言といわれています。バフェットがベンジャミン・グレアムや、フィリップ・フィッシャーの投資手法を真似たことは有名ですが、そのほかに彼は、ガードン・W・ワトルズといった投資家たちにも学んでいます。ワトルズは「ある会社の株を割安で買って、その会社が別の会社を割安で買い、そこがまた別の会社を買う」という手法を実践してきましたが、バフェットも同じような手法をバークシャー社で行っています。つまり、「投資の神様」といわれるバフェットでも、先人たちの手法に便乗して成功を収めているということです。

潮の流れが止まって初めて、誰が裸で泳いでいたのかがわかる

この格言は、２００１年にエネルギー会社のエンロンが経営破綻したエンロン事件を教訓に生まれたものです。将来有望と見なされ株価が急騰していたエンロンでしたが、海外事業の失敗などで抱えていた負債を隠し、不正会計処理を行っていたことをマスコミにすっぱ抜かれ、株価は大暴落しました。バフェットは、「〈エンロン〉をめぐる潮の流れが止まったとき、わた

したちが見たのは一糸まとわぬ王様の姿だった」と述べていますが、そこでの教訓は、潮が満ちているとき、すなわち人々が熱狂しているときに、自分も含め、誰が素っ裸で泳いでいるのかを見極めることです。そうすれば、潮が引いたときに素っ裸で恥ずかしい思いをすることもなくなります。この格言は、俗に「海パン理論」などともいわれています。

ルールその1、絶対に金を損しないこと。ルールその2、絶対にルールその1を忘れないこと

一見、当たり前のことを言っているように思える格言ですが、これはバフェットが「複利運用」のことを念頭に入れて話した言葉だといわれています。バフェットは10歳の頃、図書館で見つけた『１０００ドル儲ける１０００の方法』という本から「複利効果」という言葉を学びました。たとえば１０００ドルの元手でスタートした場合、年利10%の複利で増やせば5年で１６００ドル、25年で1万ドルを超えます。そしてこの複利効果で、バークシャー社も利益を大きく膨らませてきました。複利は、元手が大きいほど将来大きな利益を生み出します。そのため、初期投資で大きな損失を出して元手を減らさないよう、この格言で戒めているのです。

最初のうち、株価を左右するのは ファンダメンタルズだが、ある時点を境に、 投機が株価を左右するようになる。 古いことわざにあるとおり、 「賢者が最初にやることを愚者は最後にやる」わけだ

バフェットがグレアムから学んだことは、割安かどうかの判断に加え、詳細な企業分析を行い、企業の「本質的価値」を見極めることでした。

その「企業の本質的価値」を見極めるのに重要なのが、収益性、安定性、成長率、財務の健全性、配当などのファンダメンタルズです。ある企業の株価が投機的な動きで上昇し始めると、ファンダメンタルズが忘れられた状態で株価が上昇します。しかし、投機の需要がなくなると、株価は実需の水準まで値下がりします。最初からファンダメンタルズに注目して株を買っていた投資家は、そのように株価が値下がりしてもその株価は予定通りの水準であるため損はしませんが、投機に釣られて株を買った投資家は大損をします。

このように、ファンダメンタルズ投資は長期的にセーフティ・マージン（安全を確保するための余裕）を確保することができるのです。

信号は、時に青から赤に（黄色を飛ばして）変わってしまうことがあるということです

市場全体が不安定になり株価が値下がりを始めると、先行き不安から投資家が手持ちの株式を大慌てで売り出し、市場が大暴落することがあります。つまりこの格言にあるように、信号が青から黄色を飛ばして急に赤に変わってしまうことがあるのです。

２０００年のＩＴバブル崩壊で株価の下落した銘柄をバフェットが買い集めることができたのは、バフェットが目先のＩＴ株の値上がりに目もくれなかったということもありますが、バフェットがそれだけの手元資金を残していたからです。

バフェットは、「市場が大幅に下落すれば、借金に動きが制限されない人にとっては素晴らしいチャンスが訪れます」と言っていますが、こういう状況を想定してのことです。

このように見ていくと、バフェットの基本的な投資の考え方は、バブルで皆が熱狂しているときには市場に参加せずそれを傍観し、バブルの崩壊などで熱が冷めて株価が下落（できれば暴落）した時点で株を買い集める。そしてそのための資金を用意しておくために、過度の借金をしないことだ、ということがわかります。

バフェット氏の虚像に踊るな

マーケットエッセンシャル主筆
前田昌孝さん

1979年東京大学教養学部卒業、日本経済新聞社に入社。記者として産業部、神戸支社を経て、84年証券部、91〜94年米ワシントン支局に勤務。証券部編集委員、ヴェリタス編集部編集委員、日本経済研究センター主任研究員、日本経済新聞社編集委員などを経て2022年2月より現職。証券ジャーナリストとして独立。現在は週刊メディアの「マーケットエッセンシャル」を創刊して主筆に。著書に『株式市場の本当の話』『株式投資2022』『深掘り！　日本株の本当の話』（いずれも日経プレミアシリーズ）ほか多数。

バフェット氏の買った「バフェット銘柄」にそのまま乗って同じ銘柄を買う投資家は、賢明とはいえない。バフェット氏率いるバークシャー・ハサウェイの運用成績は、その評判ほど優れたものではないからだ。バフェット氏の「虚像」と「実像」に迫る。

思ったほど高くないバフェット氏の「勝率」

米国の株式市場に上場している銘柄に限っての話だが、米証券取引委員会（ＳＥＣ）に提出した保有銘柄報告書（13Ｆ）を解読すると、投資会社のバークシャー・ハサウェイは１９９４年末から２０２３年３月末までに合計１９６銘柄に投資したことがわかる。このうちどの程度が「当たった」のだろうか。

２０２３年3月末現在で保有しているのは46銘柄だから、投資した１９６銘柄との差の１５０銘柄は売却済みということになるが、株価がいくらのときに買って、いくらのときに売ったのかは、正確にはわからない。

計算を簡単にするために、３カ月ごとに提出される保有銘柄報告書に初登場してきたときに、その時点の株価で買い、最後に登場したときに、その次の四半期末の株価で売ったと考えてみる。今でも保有中の46銘柄については、２０２３年6月末の株価を使って評価損益を計算する。

たとえば、ユナイテッド航空（ＵＡＬ）株が最初に保有銘柄報告書に登場したのは、２０１６年9月末時点の保有状況を伝える報告書だった。最後に登場したのは２０２０年３月末時点の保有状況を伝える報告書だった。

報告書は毎年3、6、9、12月末時点の4回提出されるから、ユナイテッド航空株について報告書から読み取れるのは、２０１６年7～9月期のどこかで買い、２０２０年4～6月期のどこかで売ったということだ。

この場合、買った値段は２０１６年9月末の株価、売った値段は２０２０年6月末の株価だったと考える。つまり、52・47ドルで買い、34・61ドルで売ったとみなすわけだ。高く買って安く売ったのだから、バフェット氏はこの銘柄への投資は失敗に終わった。

今でも保有しているシェブロン（ＣＶＸ）という大手石油株が最初に保有銘柄報告書に登場

したのは2020年12月末時点だった。つまり、買ったのは2020年10〜12月期のどこかである。正確な買い値はわからないが、2020年12月末の84・45ドルで買ったとみなす。保有中だからまだ最終的な売り値は決まっていないが、2023年6月末の株価は157・35ドルだったので、評価損益の段階では成功を収めていることがわかる。

これまでに買った196銘柄の中には非上場になったものや、購入時期が1994年以前だったものもあり、過去の株価が正確にはわからない。これらを除き、有効な株価データがある181銘柄だけを比べると、売り値（あるいは2023年6月末の株価）が買い値よりも高いのは124銘柄、逆に売り値（同）が買い値よりも低いのは57銘柄だった。

この実績をみて、「バフェット氏はだいたい3分の2の確率で、値上がり銘柄を当てるのだ。すごい」と驚く人もいるだろうし、「なんだ。日々あれだけ株式相場を研究しても、3分の1もはずすのだ」と受け止める人もいるだろう。

株式市場はどこかに儲けのチャンスがないかと鵜の目鷹の目で狙っている人たちであふれている。その中で競争しながら、3分の2も当てるのは、すばらしくも思える。ただ、単純な上がり下がりの勝ち負けだけでプロの投資家の運用手腕を評価するのは一般的とはいえず、誤解を呼ぶ恐れがある。

この間、2000年にはIT（情報技術）株バブルの崩壊、2008年にはリーマン・ショックなど厳しい局面もあったが、長期的には米国の株式相場は上昇してきた。ダウ工業株30

種平均でいうと、1994年12月末に3834・44ドルだったのが、2023年6月末には3万4407・60ドルと8・97倍になった。

機関投資家の運用手腕を評価するためのベンチマークとして使われるS&P500種株価指数でみると、1994年12月末に459・27だったのが、2023年6月末には4450・38と9・69倍にもなった。

バフェット氏はたいへんな追い風の中で投資してきたのだから、勝率はもっと高くてもよかったのではないかとも感じる。

ベンチマークもアンダーパフォーム

バフェット氏のプロの投資家としての手腕を正確に測るために、有効な株価データがある181銘柄について、買いから売りまでの騰落率が、同一期間のS&P500の騰落率を上回ったのかどうかを調べてみることにしよう。

たとえば、前述のユナイテッド航空は2016年9月末の株価52・47ドルで買い、2020年6月末の株価34・61ドルで売ったから、騰落率はマイナス34・0%だった。S&P500は2016年9月末に2168・27、2020年6月末に3100・29だったから、騰落率はプラス43・0%である。

つまり、バフェット氏のユナイテッド航空株投資は単に株価が値下がりして損をしたという

図9　保有期間中の株価の騰落とベンチマークの比較

株価上昇	株価下落	合計銘柄数
124	57	181
アウトパフォーム	アンダーパフォーム	合計銘柄数
84	97	181

（注）所有期間中の株価上昇率がベンチマーク（S&P500）上昇率よりも高ければアウトパフォーム（株価下落率がベンチマーク下落率よりも小幅な場合を含む）、逆ならばアンダーパフォーム

だけではなく、ベンチマークに比べて大幅にアンダーパフォームしたことになる。同様の計算で、シェブロンは所有期間の株価上昇率が86・3％、これと同じ期間のS＆P500の上昇率が18・5％だったから、67・8ポイントもアウトパフォームしたことになる。

アマゾン・ドット・コムは2019年3月末の89・04ドルで買い、2023年6月末の130・36ドルで評価すると、この間の株価上昇率は46・4％だ。S＆P500はこの間に57・0％上昇した。絶対額ではプラスのリターンを確保したが、ベンチマークとの関係ではアンダーパフォームだった（図9）。

181銘柄をもう少し詳しく分けると、値上がりした124銘柄のうち、アマゾンのように43銘柄はベンチマークを下回る上昇率しか確保できなかった。半面、値下がりした57銘柄のうち、3銘柄は値下がり率がベンチマークの下落率よりも小幅だった。

ここから、ベンチマークをオーバーパフォームした銘

柄が84銘柄、アンダーパフォームした銘柄が97銘柄だったことがわかる。プロの投資家を評価する方法で測定すれば、バフェット氏は84勝97敗と負け越しだったのである。

ここまで説明は単に保有銘柄の株価推移からみた勝ち負けだが、バフェット氏は同じ銘柄でも最初に買った後に買い増しをしたり、一部売却をしたりしている。だから、本当に儲かったかどうかをより正確に測るには、保有銘柄報告書を1本1本、もっと丹念に分析しなければならない。

たとえば２０１１年９月末の保有銘柄報告書に、５７３４万株の保有ということで初登場したＩＢＭ株。それまでバフェット氏は「どんな事業をしているのか理解できない株式は買わないのが基本姿勢だ」といわれていたのに、突然、ハイテク株に投資し、市場関係者を驚かせたのだが、その後も着々と保有株式数を増やしてきた。

ピークは２０１６年３月末から同年12月末にかけての８１２３万株。ところが、２０１７年1～3月期から売却に転じ、報告書が出るたびに保有株式数は減っていって、最終的に２０１７年12月末時点で２０４万株の保有を報告したのを最後に、保有銘柄一覧からは消えていった。

こういう銘柄の投資損益を推定するには、最初と最後の株価データだけではダメで、途中の株価と保有株式数の変化をもとに四半期ごとの損益を積み上げながら計算しなければならないが、ＩＢＭ株の場合、結局、15億ドルほどの損失に終わったと試算できる。ピーク時の投資額が時価で145億ドルにも達する大型投資で、大いに期待していた様子なのだが、結局、手こずったままに退散したのである。

これまでに投資した196銘柄から過去の有効データを得られない8銘柄を除く188銘柄で考えると、何はともあれ売却益を確保した、あるいは2023年6月末現在で評価益が出ている銘柄は125銘柄である。残りの63銘柄はすでに売却して実現損が出ているか、2023年6月末時点で評価損を抱えているかのどちらかである。

それも前に述べた通り、かなりの追い風の中での実績だったことを忘れてはならない。いくらバフェット氏が相場の神様だとかオマハの賢人だとかあがめられていても、百発百中などということはまったくない。もし、相場全体が横ばいの中での投資だったら、負けの数のほうが多かったかもしれない。

繰り返すが、プロの世界では当たるといえばベンチマークに勝つこと、外れるといえばベンチマークに負けることだ。あまたのプロが切磋琢磨して銘柄を選び、その売買によって市場が動き、その市場の動きの平均値がベンチマークなのだから、そこが勝ち負けの基準になる。前段で84勝97敗と紹介した通り、バフェット氏はやや負け越しだった。

冷静にバフェット氏を投資のプロとして評価すれば、銘柄選択の巧みの点で独特の眼力があるとはいい難く、並みの投資家の範疇に属している。バフェット氏が買ったから同じ銘柄を買うなどという投資手法はあまり意味がないだろう。

長期投資も幻想、実態はアップル1社に依存

バフェット氏についてもう1つ誤解されていると感じるのは「割安株の長期投資家」という評判だ。そして必ず具体例として、「コカ・コーラ（KO）株に超長期の投資をして巨額の利益を上げた」という説明がついて回る。お気に入りのコカ・コーラを毎日5本は飲んでいるという写真入りの解説がつくこともある。

それが間違いではないとはいえ、コカ・コーラのように20年以上も長期投資している銘柄がほかに何かあるかといえば、アメリカン・エキスプレス（AXP）とムーディーズ（MCO）ぐらいのものだ。これまでに196銘柄に投資しながら、現在保有中の46銘柄を除くと、基本的に手放した（一部には経営統合などで消えた銘柄もある）のである。

保有銘柄報告書に1回登場するたびに3カ月保有したと仮定したうえで、すでに手放した150銘柄の保有期間を分析すると、10年以上保有した銘柄が15銘柄で、うちウェルズ・ファーゴ（WFC）とM&Tバンク（MTB）の2銘柄は20年以上保有していた。しかし、保有期間が1年以内の銘柄も40を数えている。

最近でも新型コロナウイルスのワクチンなどを供給した医薬品大手のファイザー（PFE）は2020年9月末の報告書に1回登場しただけだった。同じく医薬品大手のメルク（MRK）は2020年9月末から2021年6月末まで4回登場したが、それでも保有期間は約1年だ。

図10　バークシャー・ハサウェイの保有期間別銘柄数

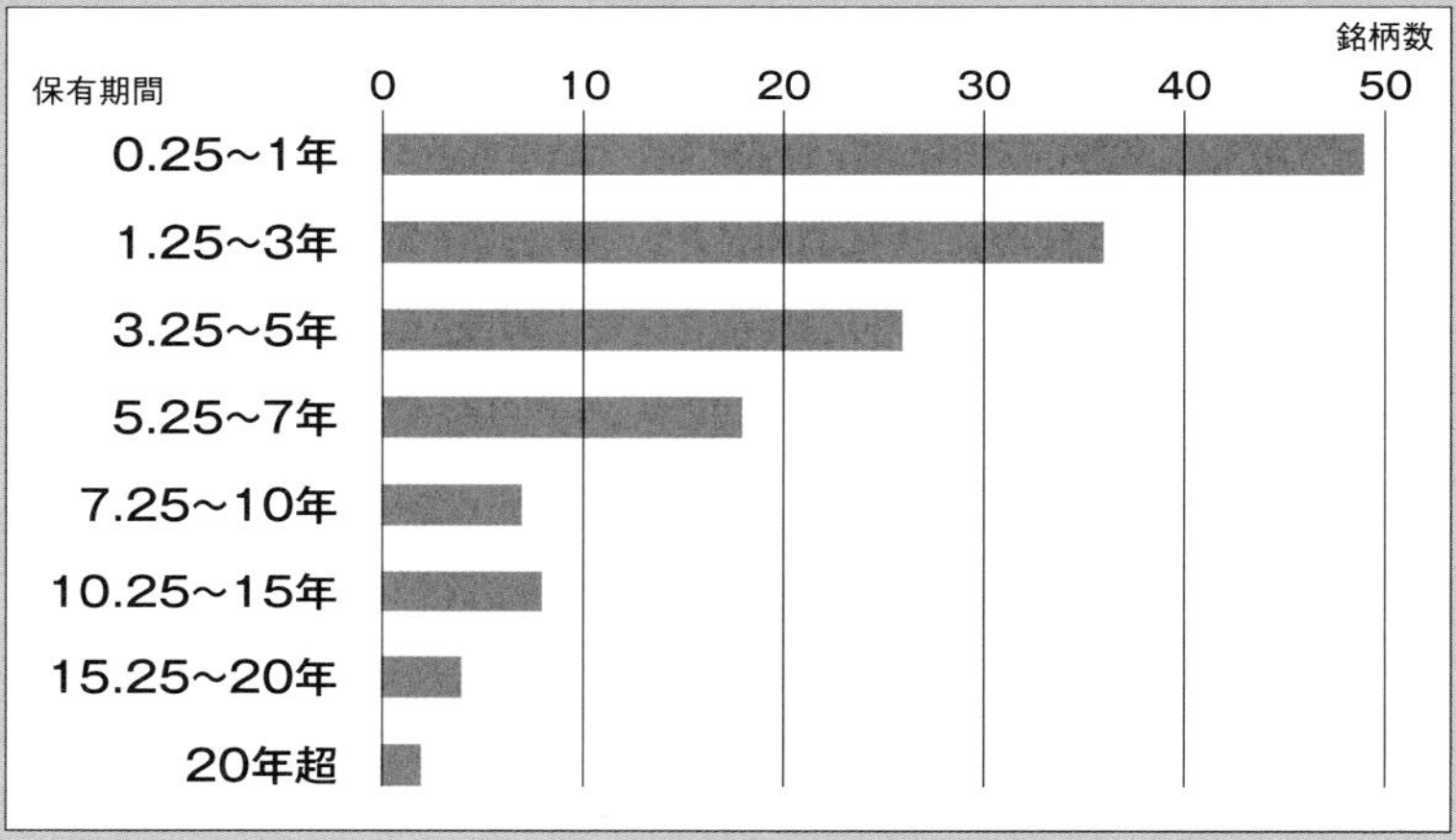

（注）対象は1994年末以降の保有銘柄報告書に登場し、すでに手放した150銘柄。
報告書に登場するたびに3カ月（0.25年）保有したと仮定
（出所）バークシャー・ハサウェイ「保有銘柄報告書」

「バフェット氏が金を買った」といわれて話題になった金鉱株のバリック・ゴールド（ＧＯＬＤ）も２０２０年６月末と９月末の報告書に登場しただけ。台湾積体電路製造（ＴＳＭＣ）も２０２２年９月末の報告書に初登場したが、12月末の報告書では大半を売却したことがわかり、２０２３年３月末の報告書からは消えていた。

日本の株式市場には「見切り千両、損切り万両」という格言がある。バフェット氏も見込みがないと感じれば、損得関係なく、さっさと売却してしまう潔さがあるようだ。すでに手放した１５０銘柄の保有期間を単純に平均すると、３・88年にすぎない。

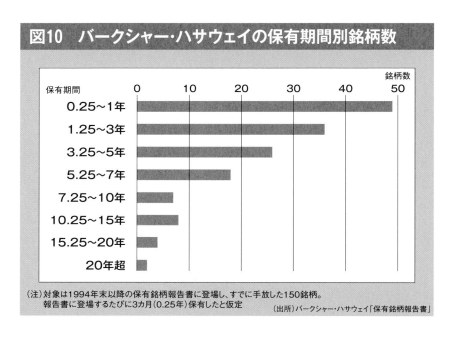

２０２３年３月末時点の保有銘柄報告書に掲載されている継続保有中の46銘柄は、３月末までの投資期間の単純平均が６・67

年だ。まだ持っているということは、バフェット氏がそれなりの見込みを感じている表れかもしれないが、売ろうと思えば躊躇なく売る投資家であることを忘れてはならない。

もう1つ、コカ・コーラ株の例を引用してバフェット氏の投資スタイルを説明しようとすると、最近の投資状況を正しく説明できない。確かに超長期のコカ・コーラ株の保有でバフェット氏が積み上げてきた利益（まだ売却していないので現段階では評価益）は2023年6月末現在で約228億ドルと小さくはない。

しかし、銘柄ごとの稼ぎをいえば、アップルが稼いだ約1488億ドルにはるかに及ばず、アメリカン・エキスプレスの約257億ドルの後塵を拝してもいる。

何しろ投資しているアップル株の時価評価額は、総額で3533億ドルに達するバークシャー・ハサウェイの米国株ポートフォリオの50・3%を占めている。金額でいえば1775億ドルである。2005年頃まで米国株ポートフォリオの90%以上を占めていたコカ・コーラ、アメリカン・エキスプレス、ムーディーズなどの超長期保有銘柄のウエートは、6月末現在で16・7%にすぎない。

アップルへの投資は2016年1~3月期に始めたので、保有期間はまだ7年余りにすぎないが、こんなに集中投資をしたらポートフォリオがいびつになり、逆回転したときのリスクが大きすぎるのではないかと感じさせるくらいに入れ込んでいる（図11）。

そのアップルが稼ぐ運用益は2018年1~3月期から2023年4~6月期までの合計で

図11　米国株ポートフォリオに占める超長期保有銘柄とアップル株の割合

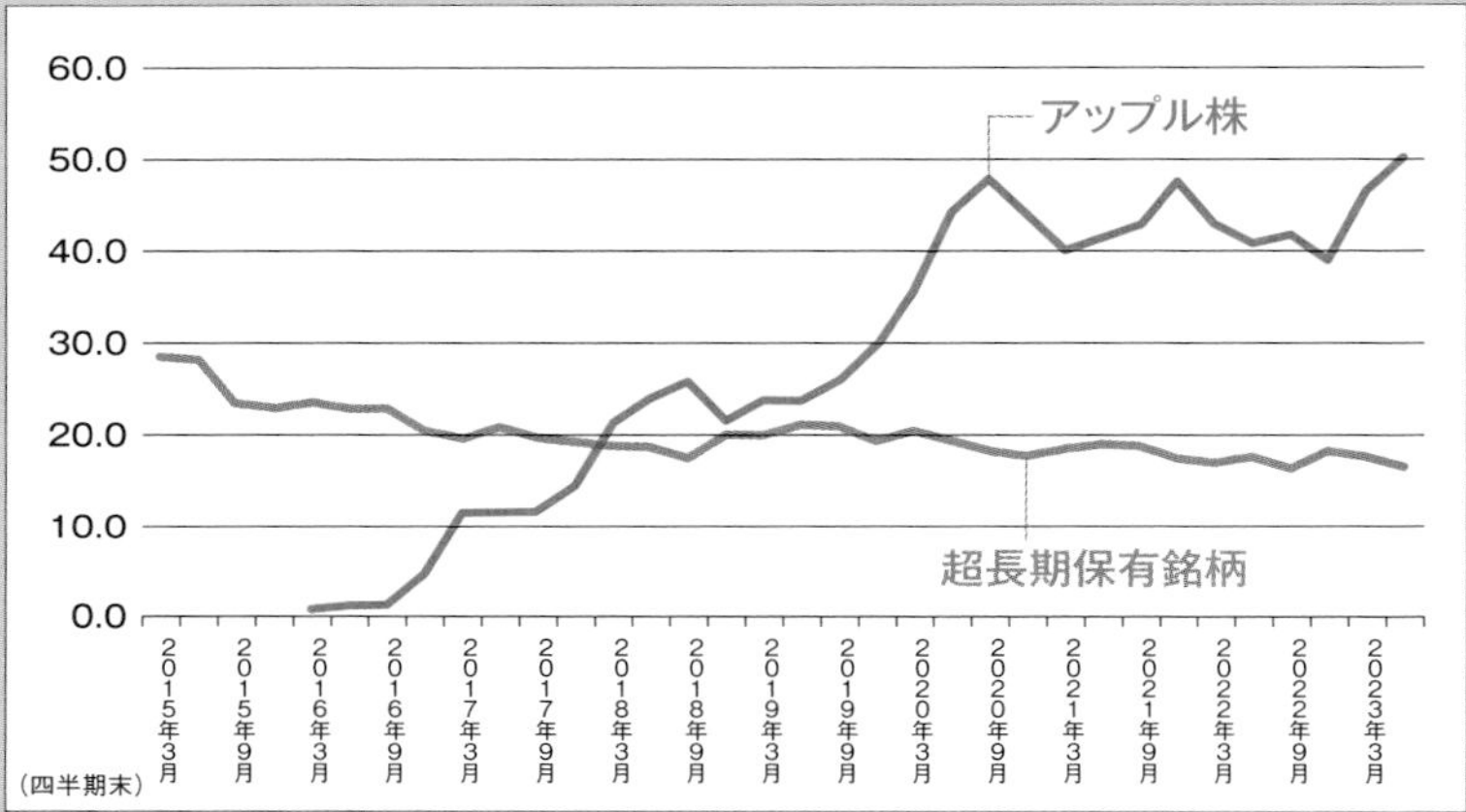

（注）保有銘柄報告書のデータをもとに筆者分析

1436億ドルと、米国株ポートフォリオ全体で稼いだ運用益の1376億ドルを上回っている。つまり、アップル以外の保有銘柄の運用益を全部足すとマイナスである。もうバフェット氏にとってコカ・コーラはシンボルにすぎず、すべてをアップルに依存する運用をしているといっても過言ではないのだ。

ようやく「吸い殻」程度に認められた日本株

そのバフェット氏がなぜ日本の商社株に投資したのか。公式発言からは日本の地政学上の優位性に着目したことや、商社との協業に期待していることがうかがえる。満90歳の誕生日に当たる2020年8月30日に大手商社5社の株式を1年がかりで買ってきたことを公表したときには、それぞれの商社への出資比率は5・02〜5・06%だった。それが2023年4月に来日したときには、それぞれ出資比率を7・4%に高めたことを明らかにし、6月19日に提出した大量保有報告書の変更報告書によると、出資比率は商社によって7・47〜8・31%に高まっている。出資比率は今後9・9%まで高める余地があるが、商社側の同意がなければそれ以上は投資しないという。

投資目的に関する公式発言を否定する理由は何もないが、バフェット氏は投資家だから、基本的には安いと感じれば買い、高いと感じれば売るものだと思われる。バフェット氏はかつて割安株投資の極意を「吸い殻（シケモク）投資」と説明したことがある。道ばたに落ちているたばこの吸い殻は普通、気持ち悪くてとても拾えないが、拾って吸えば、少なくとも最後の一服の清涼感は味わえることができるという意味だ。

そして、1998年のことだが、米国の学生に対するある講義で、日本株はその吸い殻投資にも値しないと付け加えたと伝わっている。米国株の多くが高値圏にあって投資しづらいと感じているバフェット氏は、バークシャー・ハサウェイの運用資金の中で待機資金の割合を高めて、相場の乱高下に備えようとしている。そんな状況下で、上昇率の点で米国株を下回っていた日本株に、多少は吸い殻程度の価値を認めたのかもしれない。

大手商社5社への投資金額を時価にすると、7月13日現在で2兆7000億円ほどになる。米国株ポートフォリオが日本円に換算して48兆6000億円程度だから、その約5・5%を占

図12　バークシャー・ハサウェイの大手商社5社への投資額

	出資比率	時価総額	出資額
三菱商事	8.31	98,080	8,150
三井物産	8.09	78,170	6,405
伊藤忠商事	7.47	86,804	6,484
丸紅	8.30	40,116	3,330
住友商事	8.23	36,097	2,971
合計		340,268	27,340

（注）単位%、億円。出資比率は6月19日公表時のもの。
時価総額は7月13日現在

（出所）大量保有報告書

めている。失敗しても致命傷になるというほどでもないので、ちょっと試してみようという程度ではないか。

アクティビスト（物言う株主）のように投資先にあれこれと注文を付けないのが、バフェット流ともいわれている。その代わり、潮時がきたら電光石火のごとく売却することも忘れてはならないだろう。

こんなバフェット氏の投資から何を学んだらいいのだろうか。米国株投資の成否をみると、バフェット氏が買ったから買うなどという投資に有効性があるとは思えない。

バフェット氏が毎年2月下旬に公表する「株主への手紙」でしきりに強調していることは、「私たちは株価を追い掛けているのではなく事業を買っている」ということと、「企業家の目で事業を分析することに慣れていない一般の人たちはＳ＆Ｐ５００に連動するインデックス投信を買うのがいい」ということの2点だ。

バフェット氏の投資に関するさまざまなデータからいえることは、常に運用資金の20～30％に相当する待機資金を現金や現金同等物のかたちで保有していることと、必ずしも超長期投資家ではないといっても今日買って明日売るような投資はしていないことと、1年間に買う銘柄はせいぜい10銘柄であることと、買う銘柄とほぼ同数の銘柄を売っていて全体の保有銘柄数を増やしてはいないことぐらいではないだろうか。

さらにいえば、「いついつまでに換金しなければいけない」といった締め切りのあるおカネでは投資していないことと、同業他社などのライバルとは運用益競争をしておらず、我が道を行っていることではないだろうか。アップルのような特定の銘柄に入れ込むのも特徴ではあるが、筆者はこの集中投資はさすがに行き過ぎではないかと考えている。

column

バークシャー社の投資傾向から
バフェットの次なる投資戦略を読む

2008年にオマハで開かれた株主総会の際のバフェット(ロイター＝共同)

バークシャー・ハサウェイの投資傾向を読むうえで重要なイベントが株主総会です。2023年の同社の株主総会は5月6日、バフェットの生まれ故郷で、バークシャー社が拠点を置く米国ネブラスカ州のオマハで開かれました。同社の株主総会には米国だけでなく世界各国の株主が集い、オマハはお祭り騒ぎのようになります。コロナ禍ではオンラインによる株主総会でしたが、2023年は、世界40カ国以上の国から3万人以上の株主らがオマハに集結しました。

総会にはバフェットとその盟友であるチャーリー・マンガー、次期ＣＥＯ候補のグレッグ・アベル副会長らが登壇し、株主の質問に答えていました。彼らの前にはシーズキャンディーズのピーナッツブリトルが置かれていました。バフェットらはシリコンバレー銀行の預金保護について言及、預金が全額保護されていなければ壊滅的な事態になっていたとして、当局の対応を評価しました。そのほかバフェットは、米債務上限引き上げ、さらには日本の総合商社株の買い増し、AIの将来、台湾積体電路製造（TSMC）株売却の背景などについて言及。その際、台湾より日本への投資により前向きだという発言をしています。これら一連の発言から、日本への前向きな投資姿勢、また、AIなど将来の技術への関心度の高さなども窺えます。

総会に先立ち公表されたバークシャー社の第1四半期決算によると、純利益は355億ドル、前年同期比6.4倍に拡大。ポートフォリオの約4割を占めるアップルの株価上昇が大きく貢献したようです。

(CNBC「Watch Warren Buffett and Charlie Munger preside over full 2023 Berkshire Hathaway annual meeting」などを元に構成)

第2章

億り人が大予想！

バフェットが次に買う銘柄はどれか？

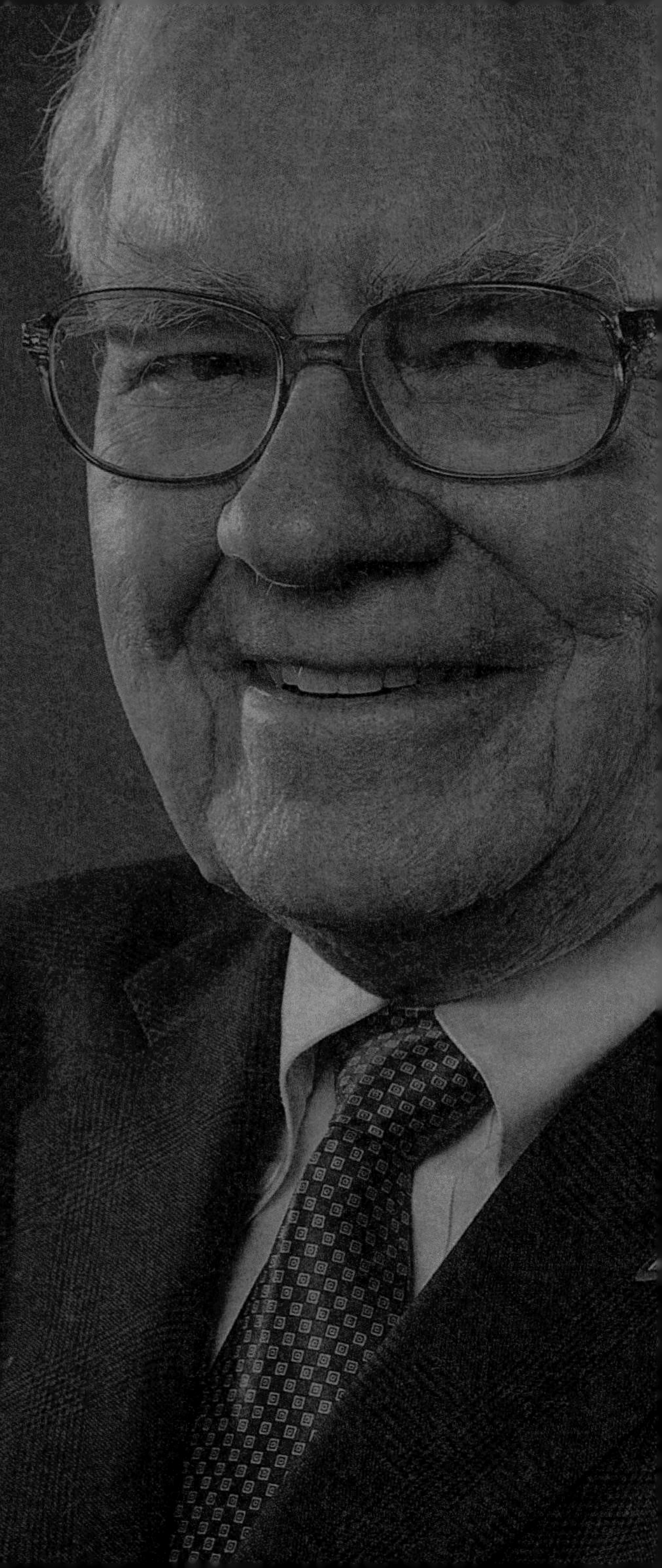

億り人が予想する次の「バフェット銘柄」

バフェットが次に狙う日本株はどこか？億り人、著名投資家に予測してもらった。

データの見方

- 本命 大穴
- 銘柄（企業）名 証券コード 上場している市場
- 直近の株価、時価総額とチャート（2023年7月24日現在）

テンバガー投資家Xさん 本命！

トヨタ自動車
（7203／東証P）

業績・株価指標
売上高
371,542
経常利益
36,687
当期利益
24,513
PER
11.6倍
PBR
1.06倍
配当利回り
―

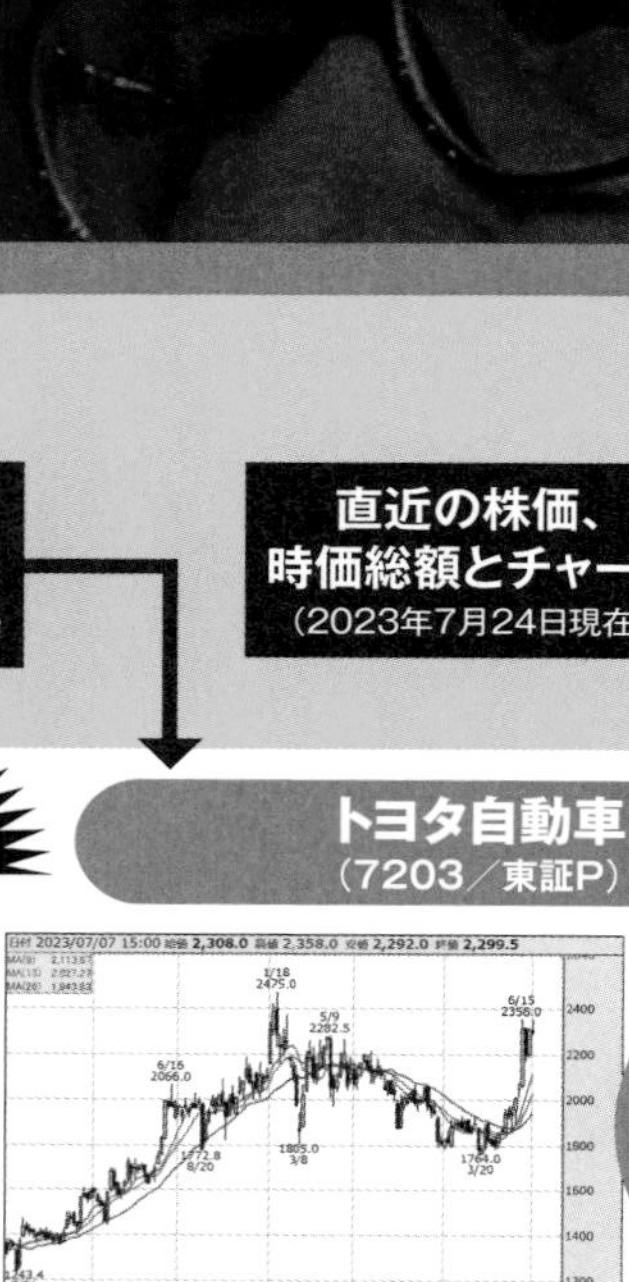

株価 2324.0円
時価総額 37兆9160億円
（2023年7月24日現在）

日本企業の中で時価総額1位、かつグローバル企業。PER11・6倍、PBR1・06倍で割安感もあり、配当もそこそこ（2023年3月期に、1株当たり60円）。バフェットの保有株にもゼネラル・モーターズ（GM）が入っているほか、中国の電気自動車メーカーの株などもある。今後のEV市場の成長性を考えても、バフェットが日本の自動車銘柄を買う可能性は高い。

- （業績など）売上高 経常利益 当期利益 PER PBR 配当利回り
- 売上高、経常利益、当期利益の単位は「億円」（直近の決算の数値）
- バフェットが次に買うという根拠

※データは「株探」（https://kabutan.jp/）を参照。
銘柄の「本命（最もバフェットが狙いそうな銘柄）」「大穴（バフェットの投資哲学や好みを考えると、買ってもおかしくない、あるいは将来的に買う可能性のある銘柄）」等の表記は編集部が付けたもので、銘柄を選択した投資家の言葉ではありません。

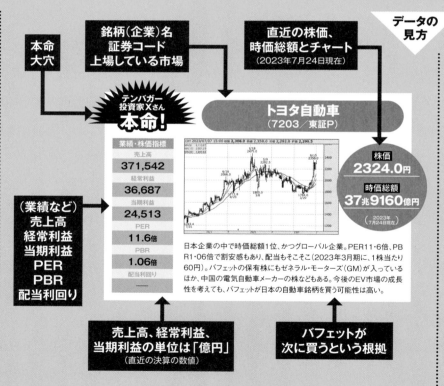

テンバガー投資家Xさん
本命！

トヨタ自動車
（7203／東証P）

業績・株価指標
売上高
371,542
経常利益
36,687
当期利益
24,513
PER
11.6倍
PBR
1.06倍
配当利回り
―

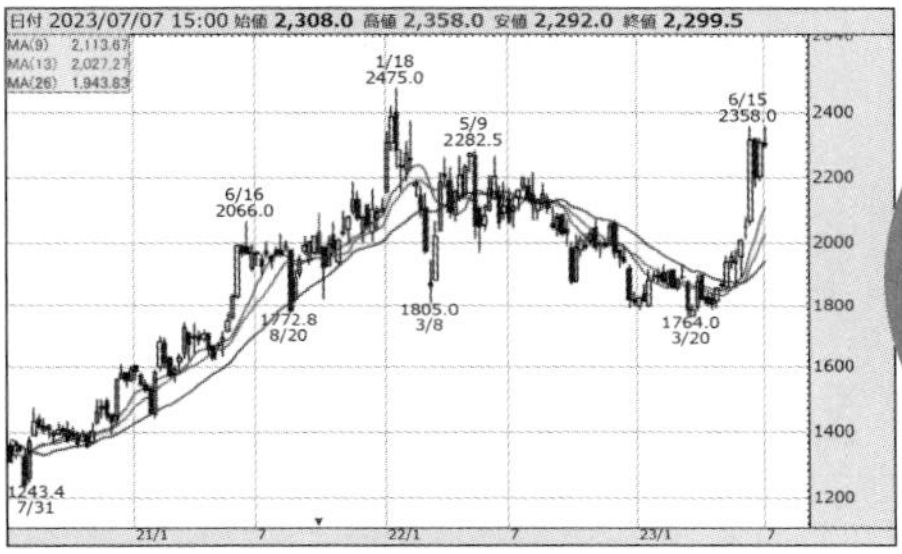

株価
2324.0円
時価総額
37兆9160億円
（2023年7月24日現在）

日本企業の中で時価総額1位、かつグローバル企業。PER11・6倍、PBR1・06倍で割安感もあり、配当もそこそこ（2023年3月期に、1株当たり60円）。バフェットの保有株にもゼネラル・モーターズ（GM）が入っているほか、中国の電気自動車メーカーの株などもある。今後のEV市場の成長性を考えても、バフェットが日本の自動車銘柄を買う可能性は高い。

DAIBOUCHOUさん
本命！

オリックス
（8591／東証P）

業績・株価指標
売上高
26,663
経常利益
3,671
当期利益
2,730
PER
9.1倍
PBR
0.90倍
配当利回り
3.65%

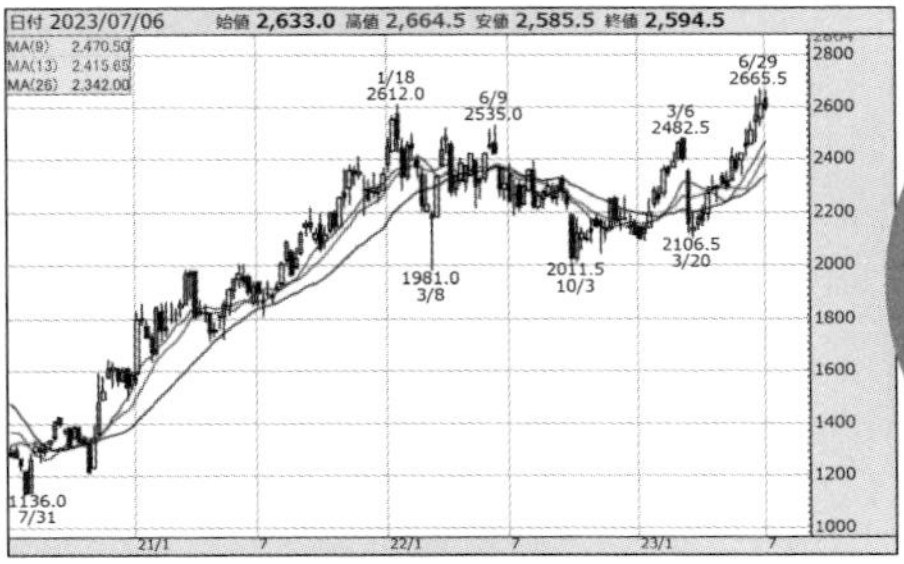

株価
2633.0円
時価総額
3兆2514億円
（2023年7月24日現在）

国内最大手の総合リース会社。1964年に創業し、企業買収を繰り返しながら成長してきた同社は、約1000社の連結子会社を持っている。投融資事業、生命保険、銀行、資産運用、不動産事業、環境エネルギー関連事業、自動車・船舶・航空機などのアセットファイナンス事業などを手がけるコングロマリットで、その意味では総合商社に近い業態ともいえる。

キリンさん
本命！

INPEX
（1605／東証P）

業績・株価指標
売上高
23,246
経常利益
14,382
当期利益
4,382
PER
5.8倍 （※）
PBR
0.5倍 （※）
配当利回り
3.81％

（※）キリン氏調べ

株価
1789.0円
時価総額
2兆4807億円
（2023年7月24日現在）

日本最大の原油・天然ガス生産・開発企業で、オーストラリア・中東など海外の多くの国で権益を有する。一方で株価はPER5・8倍、PBR0・5倍と割安な水準にとどまっており、バフェットが重きを置く「事業の理解のしやすさ」「ある程度の割安さ」といった条件を満たす。また、バークシャー社は近年、エネルギー資源株に積極的に投資を行ってきている実績がある。

有限亭玉介さん
本命！

セガサミーホールディングス
（6460／東証P）

業績・株価指標
売上高
3,896
経常利益
494
当期利益
459
PER
16.7倍
PBR
2.01倍
配当利回り
1.56％

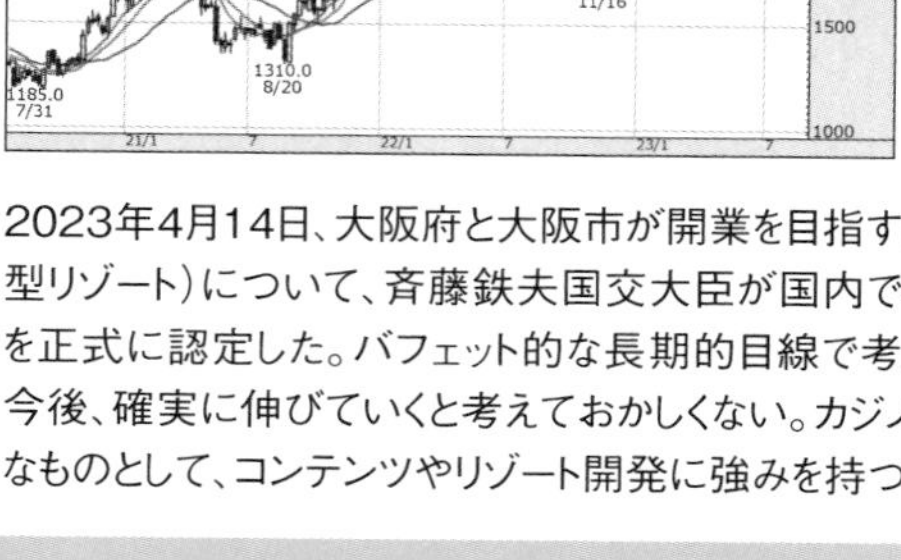

株価
3078.0円
時価総額
7425億円
（2023年7月24日現在）

2023年4月14日、大阪府と大阪市が開業を目指すIR（カジノを含む統合型リゾート）について、斉藤鉄夫国交大臣が国内で初めて、IR整備計画を正式に認定した。バフェット的な長期的目線で考えると、カジノ関連は今後、確実に伸びていくと考えておかしくない。カジノ関連銘柄の代表的なものとして、コンテンツやリゾート開発に強みを持つセガサミーが有力。

キリンさん
大穴!

プレミアムウォーターホールディングス
（2588／東証S）

業績・株価指標
売上高
764
経常利益
64.2
当期利益
60.6
PER
15.8倍
PBR
3.87倍
配当利回り
2.72%

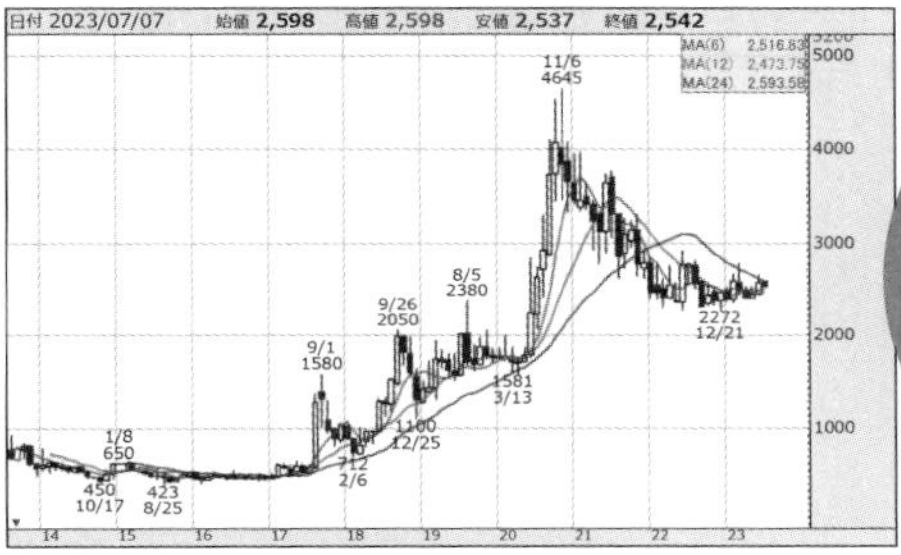

株価
2700.0円
時価総額
800億円
（2023年7月24日現在）

宅配水の国内シェアが年々上昇し、35%程度を占める国内首位の企業。全国8カ所に水源を有し、その水源から採取した天然水を独自の配送網で定期配送するストック型ビジネスを主力事業としている。現在も四半期ごとに保有顧客数を伸ばし続けており、売上・利益も継続的に成長。一方で株主還元も強化しており、かつ連続増配の姿勢も見える。

テンバガー投資家Xさん
大穴!

楽天グループ
（4755／東証P）

業績・株価指標
売上高
19,278
経常利益
−4,078
当期利益
−3,728
PER
―
PBR
1.66倍
配当利回り
―

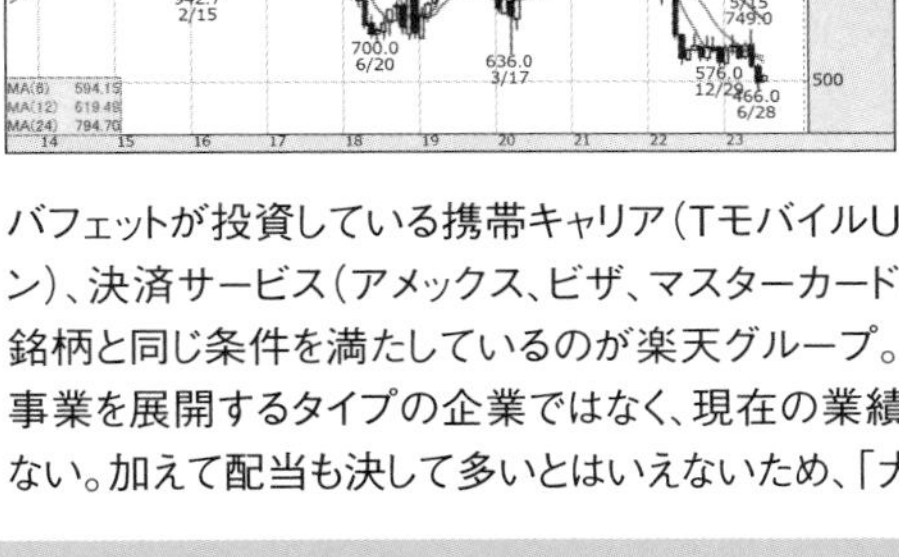

株価
536.8円
時価総額
1兆1479億円
（2023年7月24日現在）

バフェットが投資している携帯キャリア（TモバイルUSなど）、通販（アマゾン）、決済サービス（アメックス、ビザ、マスターカードなど）などのセクター・銘柄と同じ条件を満たしているのが楽天グループ。ただし、グローバルに事業を展開するタイプの企業ではなく、現在の業績も株価もあまり芳しくない。加えて配当も決して多いとはいえないため、「大穴」にとどめる。

DAIBOUCHOUさん 大穴！①

クボタ
（6326／東証P）

業績・株価指標
売上高
26,787
経常利益
2,339
当期利益
1,561
PER
13.0倍
PBR
1.24倍
配当利回り
―

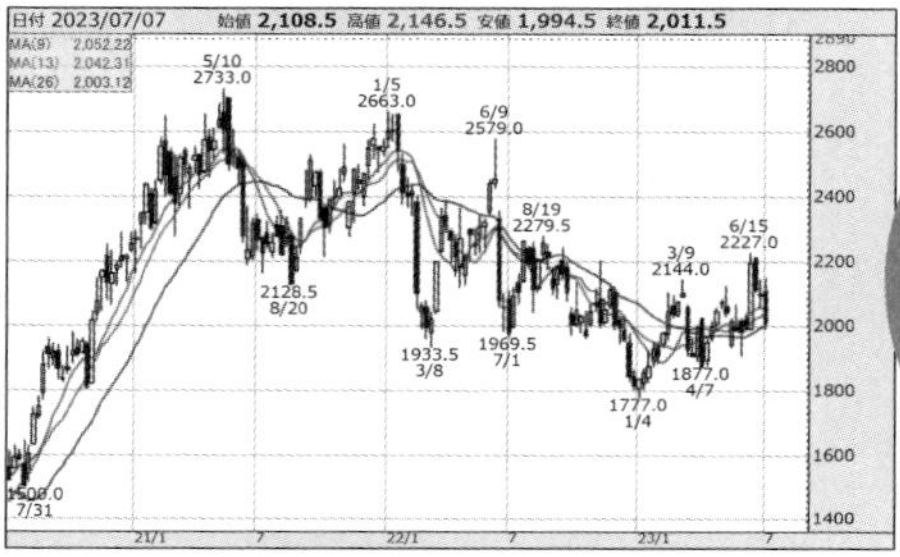

株価 2092.0円
時価総額 2兆4916億円
（2023年7月24日現在）

農業機械、鋳鉄管最大手。小型建機、エンジンなども手掛ける。日本のモノ作りの結晶のような存在で、収益力もブランド力も高く、大きな市場シェアを握る。PERは13倍、PBRも1倍を少々上回る程度で割安。コマツ（6301）も同様の存在。2023年度は、政府のインフラ開発需要などを背景に北米で建設機械が増勢。インドEKL社の買収効果なども業績拡大に貢献。

DAIBOUCHOUさん 大穴！②

オカダアイヨン
（6294／東証P）

業績・株価指標
売上高
235
経常利益
19.6
当期利益
14.1
PER
11.5倍
PBR
1.24倍
配当利回り
2.60%

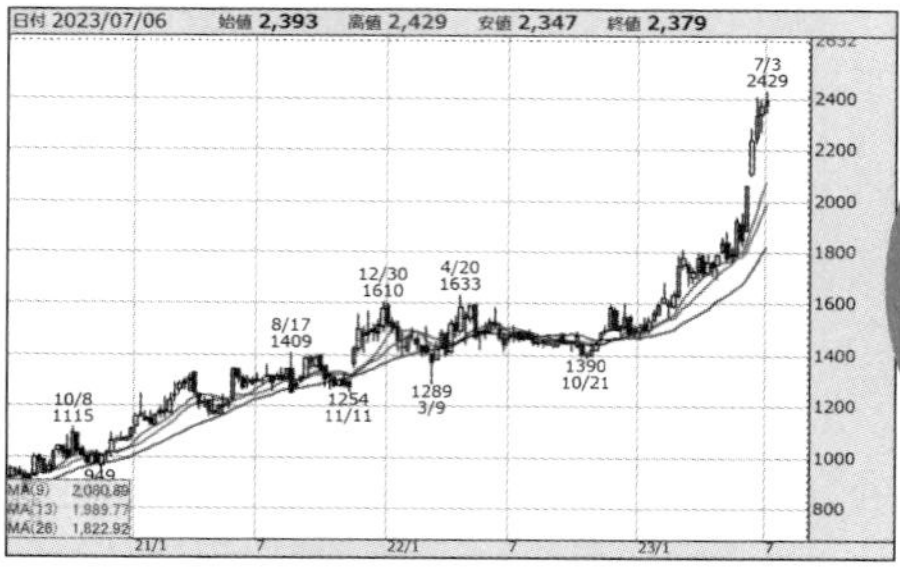

株価 2141.0円
時価総額 179億円
（2023年7月24日現在）

解体用の重機・建機のアーム先端に取り付けて使用するアタッチメントの製造では全国トップシェア。1970～1980年代の高度成長期に造られた建造物が次々に耐用年数に達しているが、建て替えの解体工事で、同社が製造する部品のメンテナンス需要が拡大すると考えられる。市場規模は小さいが参入障壁は高いので、放っておけば成長する企業ともいえる。

有限亭玉介さん
大穴!

サムコ
(6387/東証P)

業績・株価指標
売上高
64.0
経常利益
14.8
当期利益
10.5
PER
41.3倍
PBR
4.16倍
配当利回り
0.63%

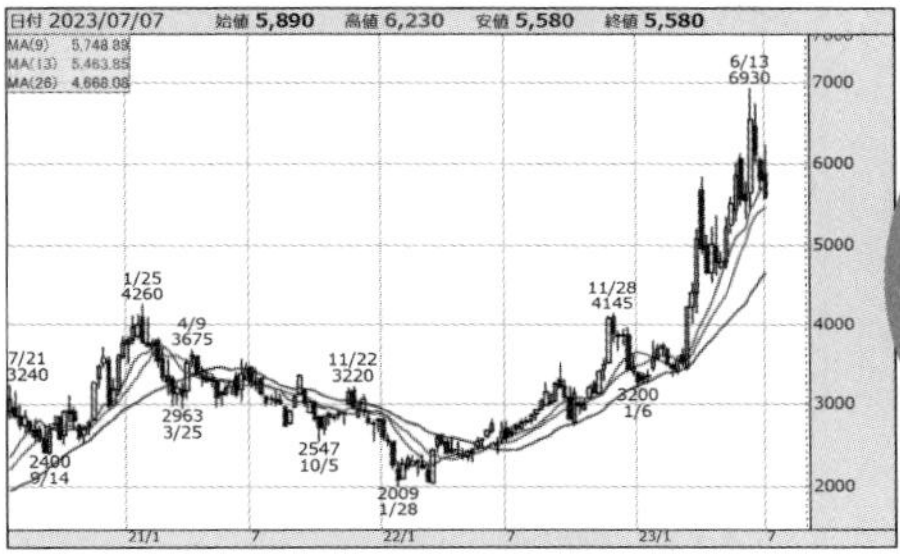

株価
5250.0円
時価総額
422億円
(2023年7月24日現在)

AIはまだ発展途上で今後の成長が期待できる分野。その場合、AIを支える次世代半導体へのニーズも高まる。電子部品製造装置を研究開発し、膜加工の化合物半導体のほか新分野を手掛けるサムコは、決してバフェットの好む割安株ではないが、パワー半導体分野での注目銘柄。データセンターや車載向けの需要が拡大していく2024年以降も注目したい。

座談会3投資家
本命!

日本電信電話(NTT)
(9432/東証P)

業績・株価指標
売上高
131,361
経常利益
18,176
当期利益
12,131
PER
11.4倍
PBR
1.67倍
配当利回り
2.99%

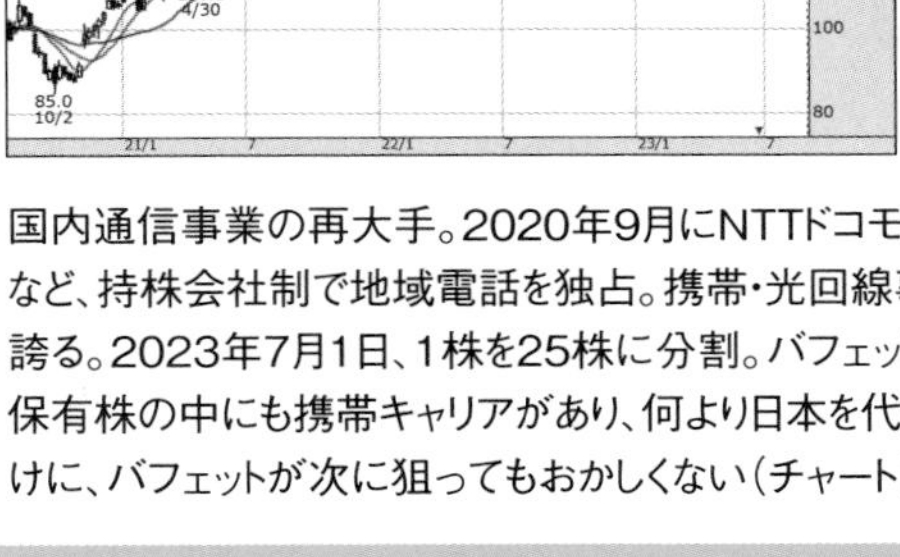

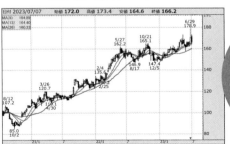

株価
167.4円
時価総額
15兆1581億円
(2023年7月24日現在)

国内通信事業の再大手。2020年9月にNTTドコモを完全子会社化するなど、持株会社制で地域電話を独占。携帯・光回線事業でも高いシェアを誇る。2023年7月1日、1株を25株に分割。バフェット(バークシャー社)の保有株の中にも携帯キャリアがあり、何より日本を代表する通信事業者だけに、バフェットが次に狙ってもおかしくない(チャートは修正株価を示す)。

Buffett's NEXT TARGET

億り人座談会

バフェットの次の狙いを大放言とともに深掘りする！

大陽線／雅／蝉投資家

今回本書に登場する投資家執筆陣に加え、さらに億り人投資家3名が覆面座談会を開催。バフェットが次に狙う日本株を、言いたい放題に予測する！

▶ 大陽線さん

投資歴23年の40代投資家。元銀行員で現在は地方公務員。銀行員時代に低PBR投資に目覚め、現在も時価総額100億円以下の小型低PBR銘柄を好んで買う。ただし流動性の観点から1/3は時価総額の大きな銘柄もポートフォリオに入れている。

▶ 雅さん

40代の女性兼業投資家。独身。高配当大好き。損益利益率80超%。信用取引はやらない。売上高営業利益率が10%以上の銘柄を見て、DOE（Dividend on equity ratio／株主資本配当率）を重視して銘柄選択。超分散投資で長期に保有するストロングスタイル。

▶ 蝉投資家さん

投資歴約20年の40代兼業投資家。証券会社など金融機関に勤務後、現在は個人事業の傍ら、株式投資を行う。低PBR、資産バリュー銘柄を中心に運用。一方で事業に堀のある銘柄を長期保有している。

バフェットも時代に合わせ手法を変化させている

大陽線（以下、**大**）：バフェット好きな銘柄ということでいうと、どうしても時価総額の大きなところになってしまうんですが、本書の投資家執筆陣が選んだ銘柄の中には、将来的な可能

図13 バークシャー社と光通信のトップ画面

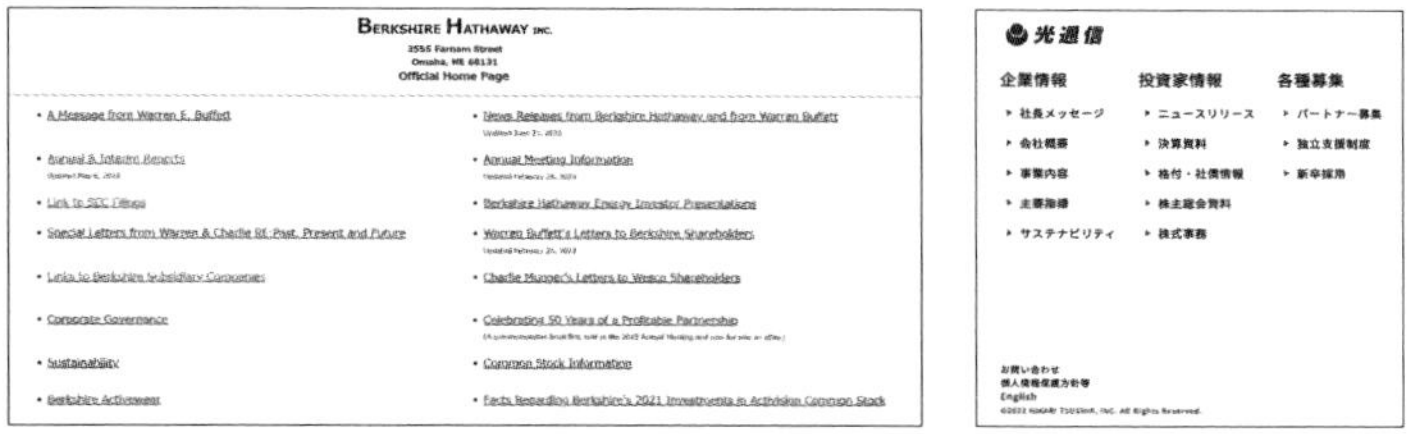

性という意味も含めて、時価総額の小さいところも入っていますね。

蝉投資家（以下、**蝉**）：でも、僕もプレミアムウォーターHD（2588）は、企業規模を度外視すれば、バフェット好みの銘柄かなと思っていました。家庭向け富士山天然水を製造・宅配している会社ですけど、サブスク（サブスクリプション）で安定的にキャッシュも入ってくる。大株主である光通信（9435）の意向を反映しているのかもしれませんが、利回りを意識した経営になっていると思います。まあ、もっといえば、その光通信自体を、次のバフェット銘柄の候補に挙げてもいいかもしれませんけどね。

大：光通信とバークシャー・ハサウェイのホームページを見比べると、同じしつらえになっているんですよ。画像や動画もなく軽いページになっていて、お世辞にもオシャレとはいえないんですが（図13）。

蝉：どちらも本社も地味ですしね。おそらく光通信の経営者はすごくバフェットのことが好きなんじゃないかなと思います。

雅：実際、時価総額で切るとしたら、バフェットが狙ってくるのはどのくらいなんでしょうか。私は1兆円くらいかと見ているんですが。

蝉：バフェットが総合商社株を買っていると公表したのが2020年の夏くらいだと思いますが、その中に双日（2768）が入っていなかった。当時の双日の時価総額は3000億円くらい。総合商社で買われた銘柄の中で一番時価総額が小さかったのが丸紅（8002）で、この当時で9000億〜1兆ほどでした。それを基準にすると、やはり最低でも時価総額1兆円くらいは必要かもしれません。

雅：2023年5月くらいの日経新聞に時価総額1兆円超の上場企業は157社と書いてありましたけど、それだけでだいぶ絞られてきますよね。

蝉：あとはバフェットに詳しい人から聞いた条件としては、生活必需品を含むインフラ関連、高利益率、そして一番大事なのはバリュエーション、それもPBRだけでなく、フリーキャッシュフローベースのバリュエーションということでした。

大谷効果で日本の「お菓子」に注目！

大：蝉さんのいう条件を元にして次のバフェット銘柄を予測してみましょうか。私の得意な分野でいうと、フリーキャッシュフローベースのバリュエーションになるんですが、少し専門的な話になるので、最初は簡単な話から入りましょう。

生活必需品というカテゴリーでいうと、バフェットは食品関連とか好きですよね。彼が好きそうなシーズ・キャンディ的な銘柄は、日本にもたくさんあります。その中で僕が面白いなと思っているのは養命酒製造（2540）です。ロングセラーだし、超低ＰＢＲ（0・6倍）だし渋谷に大きな本社ビルを持っている。昔から製法が変わらないという点ではシーズ・キャンディと同じです。ただ、時価総額は低いですけどね。

蝉：明治ホールディングス（2269）なども面白いかもしれません。ＰＢＲは若干1倍を超えていますが、最近割安になっています。ＭＬＢの大谷翔平選手のスポンサーにもなっていて、2023年7月のオールスターではファンの少女から「ポイフル」を手渡される場面が世界中に中継されましたしね（笑）。ただ、時価総額1兆円以上の食品銘柄でいうと、味の素（2802）あたりのほうが現実味はあるかもしれません。

雅：味の素は、アミノ酸由来のＡＢＦというフィルムを作っていて、その技術が半導体や高性能ＣＰＵにも採用されているんですよね。あまり知られていないと思いますけど、セグメントでは、その部門が2割くらいを占めているんです。バフェットが最近ＡＩに注目しているということで、半導体関連も候補に挙がってくると思うんですけど、味の素の場合は食品・半導体両方の要素を持っているという点で、バフェットが目を付けるかもしれません。

大：バフェットの「好み」っていう点は重要ですよね。コカ・コーラ（ＫＯ）が典型的な例ですけど。そういう意味では、SUBARU（7270）なんかもありだと思うんです。総合商社の次にバフェットが狙う日本株というと、まず筆頭にトヨタ自動車（7203）の名前が挙がりますけど、スバルはバフェットが実際に乗っていますからね。

「損をしない」がバフェットの基本

大：次にバリュエーションに関してですが、バフェットの格言に「第1ルール、損しないこと。第2ルール、第1ルールを忘れるな」というのがあります。つまりバフェットにとっては、とにかく「損をしない」ということが大事ですから、低PBRという要因は大事ですよね。

蝉：比較的低PBRで時価総額が大きく、安定的にキャッシュが入ってきて、業績にムラがない企業ということになると、投資家さんが挙げている銘柄の中ではオリックス（8591）やメガバンクなどが代表的ですよね。

そのほか、今後は送電線網の普及が不可欠になってくると思うんです。米国でもバイデン大統領がインフラ法で大容量送電線の新設やアップグレードを全国的に宣言していますし、日本でもEVの普及などに伴って送電線網が必要になってくると思います。そこで、EVのワイヤーハーネス事業をグローバルに展開している住友電気工業（5802）などにも注目しています。インフラ関連という条件にも合っていますしね。

雅：インフラ関連で低PBR、加えて最近のバフェットのお気に入りの資源エネルギー関連ということで、私はＩＮＰＥＸ（１６０５）が固いかと思ったんですが、ＩＮＰＥＸは「黄金株（株主総会や取締役会で拒否権を持つ、経済産業大臣所有の株）」なので、買収できないんですよね。

大：外資保有制限のかかったテレビ局などもそうですけど、規制のある株にはバフェットも手を出しにくいかもしれませんね。

低ＰＢＲということでいえば、三菱地所（８８０２）はどうなんでしょう？　ＰＢＲは１・02倍くらいですが、含み益を考えると実質ＰＢＲは０・４倍ぐらいではないかと思うんですけど。

蝉：僕の場合は、相場全体が上がって、ようやく小型株でも大きく吹き上がる銘柄が出始めましたが、それらを利食い、三菱地所の株を買い増したりしています。

大：「地所貯金」ですよね？

蝉：まさに「地所貯金」です（笑）。もしかしたら、その昔、ロックフェラーセンタービルを三菱地所が買ったのと反対で、「丸の内の大家さん」の三菱地所をバフェットが買う可能性はないかとも思ったんですが……。ただ、バフェット自身が不動産株を買った例はあまりないみたいですけどね。

雅：インフラという意味では、ＮＴＴ（日本電信電話／９４３２）はどうなんでしょう？　元国営企業の強みがありますし、２０２３年の株式分割もそうですけど、国が最近、２０２４年開始の新ＮＩＳＡなどで国民に投資を勧めようといろいろ画策しているところもあるので、素直にバフェットが買いにくるということもあるんじゃないですか？

蝉：まさに「バフェット銘柄」ですよね。NTTドコモもNTTに集約されましたし。

大：バフェット的に2番手、3番手のKDDI（9433）やソフトバンク（9434）っていう選択肢はないかもしれません。ですがバフェットは経営者を見て買いますし、コングロマリットや成長株が好きっていうことで考えると、意外にグループ本体のほうのソフトバンクグループ（9984／以下、SBG）はアリなのかもしれませんね。

蝉：ああ、そうですね。資産バリューですし。

大：資産バリューですし、最近バフェットがAI業界に注目していることも考えると、バフェット的にはAI技術をバスケット買いしたいと考えているかもしれない。その場合、SBG1銘柄を買えば、AI業界をバスケット買いするのと同じ効果がありますからね。

蝉：アップル（AAPL）を買ったという経緯もありますからね。

雅：結局バフェットって、一番儲けたのはアップルですからね。

大：まあ、そういうと身も蓋もないですけど、バフェットが考えて買ったのか、それとも相棒のチャーリー・マンガーの提言か、もしくはもっと若い人が考えて買ったのかもしれませんけどね。

蝉：資産バリューという意味では、住友金属鉱山（5713）も面白いかなと。別子（住友金属鉱山の愛称）はグローバルに事業も展開していて、時価総額も1兆円は超えています。金（ゴールド）の埋蔵量も考慮すると、そこそこの資産バリュー株かなと。

雅：任天堂の証券コードが「７９７４（なくなよ）」で、別子は「５７１３（来ないさ）」ですけどね（笑）。

優等生・信越化学が市場で買われない理由

蝉：先ほどから話に出ているＡＩや半導体関連はどうなんでしょうか。バフェットがＴＳＭＣを売ったのであれば、新たに半導体銘柄を入れたいから、日本で世界的な半導体メーカーにも関心を持つのかなと。東京エレクトロン（８０３５）やアドバンテスト（６８５７）あたりは、時価総額的には十分だと思いますけど。

大：可能性はありますけど、ボラ（ボラティリティ＝株価の変動度合）が大きいですからね。バフェット的には嫌うかもしれない。むしろ半導体のシリコンウェハーなんてずっと安定的に製造できるので、信越化学工業（４０６３）あたりのほうが可能性は高いかも。その辺は雅さんが詳しいのかな。

雅：信越化学はシンテック（塩ビの会社）がグループにあって、グループ全体の利益に大きく貢献しています。シリコンウェハだけでなく、最近はフォトレジストマスクの収益率などにも貢献していて、そこが事業の中でも成長著しいんです。米国ではテキサスに拠点を置いているんですけど、シンテックという名前自体が有名なので、バフェットも当然知っていると思います。

大：売上高営業利益率がものすごく高いもんね。

雅：ただ、信越化学に関しては、ROEやROAの数字は抜群にいいんですけど、そんなに良い指標を叩き出している割に株価がそれほど上がらないんです。すでに優良企業であることはわかりきっているので、あまり評価されないというところもあるみたいです。やっぱり人って期待しない人が何かやると「おおっ！」って思うけど、優等生が優秀な成績を続けていても、あまり驚かないんですよね。そのために、割安に放置されていて株価が上がらないんだと思います。バフェットがその点に気づくかどうかですよね。

大：結局、5大商社はそれがあって、割安で放置されてきたわけですからね。

アメリカ好きのバフェットはアメリカにないものを買う？

大：次にキャッシュフローベースのバリュエーションということで見ていきましょう。

実は私は銀行員時代、お客さんから担保を取らなければいけなかったので、ちゃんと資産がある会社に融資するため、低PBR投資に目覚めたんです。

それと同時に、企業価値を見る指標として、EV／EBITDA（※）を重視しています。その頃からバフェットの本も読んでいて、株価よりも、会社そのものの何万分の1かを買うという意識で買っています。ですから低PBRとはいいましたが、私が一番の指標としているの

（※）EV／EBITDA（倍率）：EV（事業価値）がEBITDA（金利・税金支払い前、減価償却費控除前利益）の何倍とされているかを表わす指標。ある企業を買収した場合、その企業の何年間の本業利益で、買収した際のコストを回収できるかを測定する。

は、EV／EBITDAの倍率が低いかどうか。つまり、ある会社を買収するとき、一番割安で買えるような銘柄を狙っているということです。その意味では、バフェットの手法に非常に近いといえると思います。そこでEV／EBITDAが安い銘柄を計算してみると、先ほど蝉さんが挙げてくれたオリックスに注目できますね。

雅：最高益も5期ぶりに更新しました。ここも信越化学と同じで優等生なんだけど、いろいろ事業をやりすぎて、何をやっているのかよくわからない会社であるところが玉に瑕《きず》みたいな。

大：そういう意味では商社にも似ていますよね。

雅：分類としては万年割安のリース業に入っています。リース業は相場の最終局面で株価が上がるので「暴落のサイン」とかいわれていますけど、オリックスの場合は業態がリース業というだけで、実際のセグメントは違うといわれているんですよね。業界イメージで買われないところもあって、ちょっと可哀そうな気もします。

先日、証券会社のレポートで読んだんですが、オリックスの内実はリース業ではないので、目標株価の設定を事業ポートフォリオのベースで考えると、修正されてさらに株価が上がるということも書いてありました。

大：なるほどね。「コングロマリットディスカウント」がかかってしまうということですね。まあバフェットの好きな保険業も扱っていますし、コングロマリットという点もバフェットの眼鏡に叶うかもしれません。

実は保険業でいうと、僕が次の「バフェット銘柄」で大本命にしていたのは第一生命ホールディングス（8750）なんです。なぜなら、バフェットのやりたいことは、実は低金利の日本円を調達して運用したいということだと思うからです。そこで、日本円を長期間、低金利で調達してビジネスを展開している会社はどこかといえば、生命保険であり、第一生命です。

そういう意味では、業態は銀行にすごく似ているんですが、運用しているデュレーション（元本の平均回収期間）が銀行だと3年から5年程度です。生保の場合はもっと期間が長い。2023年春のシリコンバレー銀行の破綻でもわかった通り、もし中長期の金利が上昇したときのリスクは銀行の方がはるかに高い。バフェットはアメリカ人ですから、その辺の事情もよく見えていると思うんです。

雅：私はどちらかというと、生保より損保ですね。生保と損保では収益の構造が違うと思うんです。生保は病気やケガ、あるいは死んだときなどに契約した金額を定額で支払います。だから加入者が多ければ売上が上がるけど、実際に死亡したときなどに支払う金額も大きい。だけど損害保険は自動車保険や建物にかけられる保険で、事故や災害などで被った損害の分だけを補償する「実損補てん」の保険だから、返済リスクが少ない分、損保のほうがいいのかなって。その意味では東京海上ホールディングス（8766）はグローバルに事業も展開しているし、何より収益率が高いので、バフェットが狙ってもおかしくないかなと思います。

蝉：確かに東京海上はアリかもしれませんね。グローバルだし、まだそれほど割高ではない。

大：あとバフェットは、本音では「米国を買いたい」と思っているんです。逆にいえば、日本に求めるものは、「米国にないもの」ということです。米国で同じことをやっている会社を日本で買っても意味はない。その代表的なものが、総合商社ということです。

　そう考えると、僕は重工系のバスケット買いもあるんじゃないかと思っています。具体的には、三菱重工（７０１１）、ＩＨＩ（７０１３）、川崎重工（７０１２）の３社。なぜなら、今米国では製造業が低迷してしまい、ちゃんと「モノづくり」ができる会社を欲しているからです。同様に、米国の製鉄業が廃れてしまった今、日本製鉄（５４０１）なども買い候補なのかもしれませんけどね。

雅：「鉄」は確かにありかなという気もします。日本が１９８０年代のバブルが始まったとき、最初に上がったのが鉄鋼株でしたから、相場の周期性といった側面で考えれば、鉄が上がりやすいということは、バフェットも経験則でわかっているでしょうし。ただ、シクリカル（景気変動株）ですから、難しい面もありますよね。

大：バフェットは韓国のポスコ株をすべて手放しています。このときは中韓貿易摩擦などの地政学的要因が大きかったといわれていますが、台湾のＴＳＭＣ株も同様の理由で売却しています。日本製鉄が買われたとしても、景気や地政学的要因で簡単に売られる可能性はありますね。

蝉：こんなふうに次の「バフェット銘柄」を予測するのは簡単じゃないですけど、話しているとバフェットが買うかどうかにかかわらず、銘柄選びのヒントはたくさん出てきますね。

Buffett's NEXT TARGET

バフェットの好みを複合的に分析して見えた株

▶ DAIBOUCHOUさん

2000年より個別株投資を開始。2004年から専業投資家になり、2005年前後には不動産株の集中投資&信用取引で資金200万円を一時10億円にまでDAIBOUCHOU(大膨張)させた。リーマン・ショックで資産が半減するが、割安成長株の分散投資という安定重視のスタイルにシフトして投資を続け、現在は講演などでその知見を世に広めている。著書に『DAIBOUCHOU式新・サイクル投資法』(宝島社)がある。趣味は外食と旅行。
Twitterアカウント:@DAIBOUCHO

バリューであること、ブランド力が高いこと、誰もがわかる商品を扱っていることなど、バフェット率いるバークシャー・ハサウェイが好む企業には明らかな「偏り」があり、その意味では次に狙う投資銘柄も予測が立てやすいといえる。

バリューとグロースの「二刀流」がバフェットの投資スタイル

2023年4月にバフェット自身が5大商社株を買い増すことを発表し、それに呼応して株価も上昇しましたが、残念ながら私は、その買い増しの動きに追随して儲けることはできませんでした。しかし、バフェットは日本株へのさらなる投資を公言しているので、今後もこういうチャンスはあると思います。

加えて、バフェットから株式投資の基本を学びつつ、その考えを、彼が手を出さない小型株投資に応用することも可能です。今回はそうした視点からバフェットの投資手法について私の考えを述べていきます。

実は私は、株式投資を始めた頃から、ウォーレン・バフェットのスタイルを参考にしてきました。彼の投資スタイルは、まさに「投資の基本」だからです。

もう20年以上前になりますが、当時は日本で出版される株式投資の本といえば、チャート分析やデイトレードに関するものがほとんどでした。しかしファンダメンタルズ分析をベースに中長期的な投資を行う私の投資スタイルには、バフェットやピーター・リンチの本がフィットしたのです。

企業価値から考えて株価が割安と判断される銘柄への投資（バリュー投資）を基本としつつ、今後の成長性が期待できる企業に関してはＰＥＲ（株価収益率）やＰＢＲ（株価純資産倍率）の数値が多少高くても投資する（グロース投資）。これがバフェットの基本的な投資スタイルです。

そのバフェットが率いるバークシャー・ハサウェイの保有銘柄を見ると、特定銘柄への集中投資という傾向も読み取れます。２０２３年7月現在、保有する米国株の４割はアップル（ＡＡＰＬ）が占めています。アップルといえば、代表的なプレミアム企業、すなわち高いブランド力と参入障壁を持ち、将来の成長性と持続的にキャッシュを生み出す確実性が期待される企業です。

アップルは自社で工場を持たないため、成長のために多額の投資をする必要もなく、それでいて高額の商品が次々に売れて利益を生み出しています。そして余剰資金の多くを自社株買いや配当を通じた株主還元に充ててきました。まさにバフェット好みの企業です。

個別銘柄への集中投資に加え、投資先のセクターに偏りがあるのもバークシャー・ハサウェイの特徴です。ＢｔｏＣ（対消費者向けビジネス）、金融、資源などの関連銘柄への投資が目立ちます。その偏ったポートフォリオには、バフェットの好みや考え方が現れていると見ていいでしょう。

ＢｔｏＣでいえば、クラフト・ハインツ（ＫＨＣ）やコカ・コーラ（ＫＯ）、Ｐ＆Ｇ（プロクター・アンド・ギャンブル／ＰＧ）などの株を長く持ち続けています。節約志向に加え、自身がコカ・コーラの愛飲家であることもよく知られています。

アップル、バンク・オブ・アメリカ（ＢＡＣ）などの銀行株に加え、最近ではシェブロン（ＣＶＸ）やオクシデンタル・ペトロリアム（ＯＸＹ）のような資源エネルギー関連の保有株の比率が高まっています。これは、世界情勢の不透明感が高まっていることに対するバフェットの懸念の現れとも考えられそうです。

また、ＳＤＧｓ（持続的な開発目標）が重視される昨今は、新たな資源開発のハードルが高まりました。全体的に供給が絞られるという予想が広まり、すでに権益を持っている既存企業の価値が高まっていると見ているのかもしれません。

総合商社を選んだ理由

バフェットが日本の商社株の買い増しを表明したタイミングには、意外性がありました。資源高で各商社の株価が上昇した後の調整中のタイミングだったからです。

もっとも、バークシャー・ハサウェイが商社株の保有を明らかにしたのは２０２０年８月のことで、その前から少しずつ株を買い集めてはいたのです。２０２３年４月の「買い増し」発表は、日本において低金利で債券を発行して手に入れた資金の使い先として、まだ割安な商社株に狙いを定めただけ、と考えるのが妥当でしょう。

加えて、伊藤忠商事（８００１）を除く総合商社のビジネスモデルの中では、資源が大きなシェアを占めています。各社とも資源の権益を獲得するのが得意で、長期にわたってキャッシュを稼ぎつつ配当も高いところが、バフェットの投資スタイルとの親和性といえるでしょう。

バフェットは「経済的な堀の深さ」を持つ企業を重視します。つまり、競合他社による新規参入や類似商品の製造販売を許さず、ビジネスを優位に展開できる強さを持っていることです。そのうえで成長性もブランド力も高い企業を探すのは、それほど難しいことではありません。

しかし、そのような企業の株は、すでに多くの投資家に買われて株価も値上がりし、「バリ

図14 総合商社の株価推移

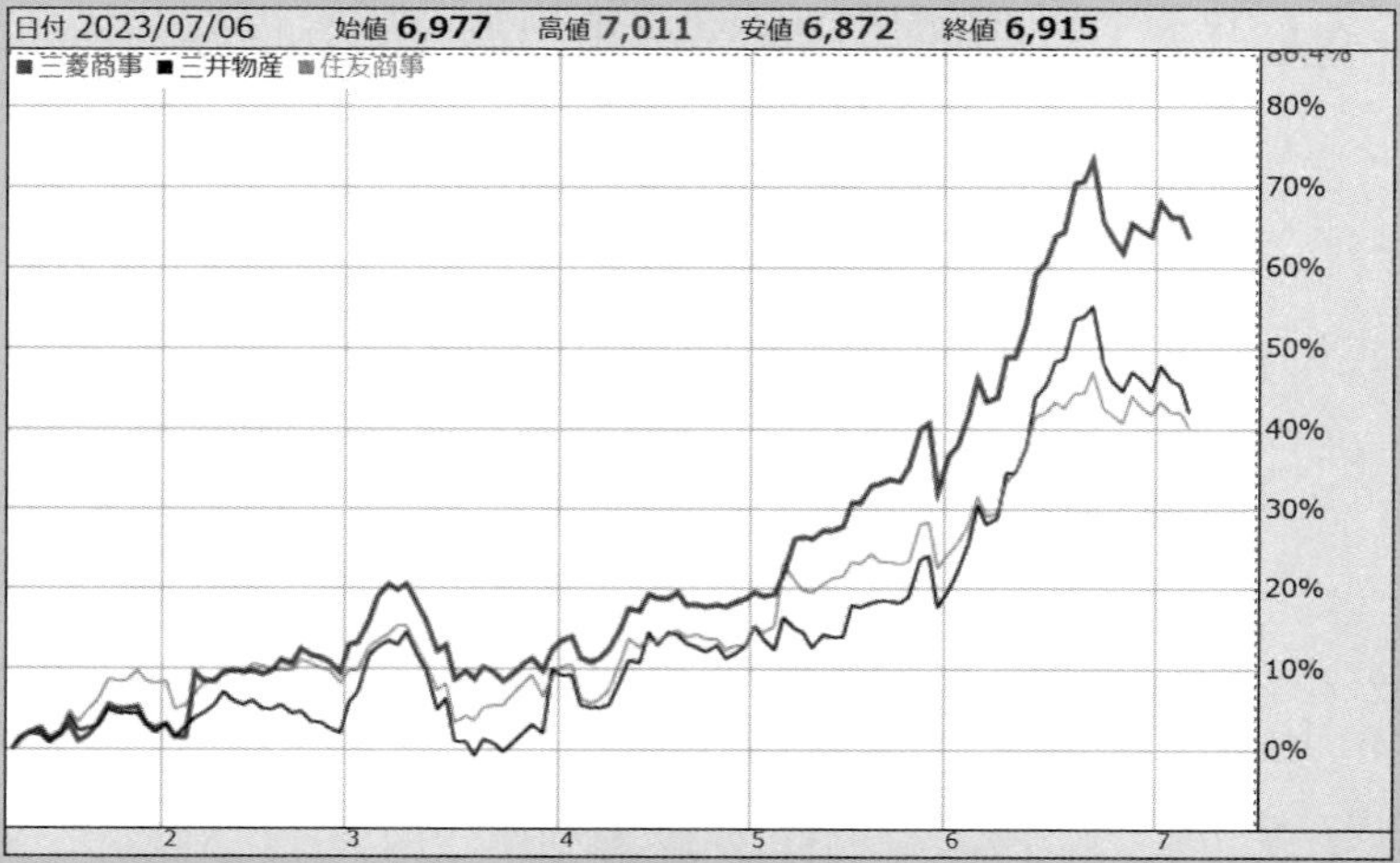

出典：株探（https://kabutan.jp/）

ュー（割安）」でなくなっていることが少なくありません。私自身は商社株がこれほど値上がりするとは思わず、今も保有していません。バフェットが買い増しを発表したタイミングで追随すればよかったのですが、時すでに遅しで、その点に関してはセンスがなかったと認めざるを得ません。

もっとも、商社株が今から2倍以上に上昇するとはさすがに思えません。むしろ、各社の今期の業績がパッとしなければ下げ要因にもなり得るでしょう。長期的な視点で見て5大総合商社の株価は今後も上昇し続けていくと思いますが、株を買うタイミングは慎重に見極めるべきだと思います。

バフェットが次に狙う日本株は？

商社株の「バフェット効果」に乗り遅れ

図15　オリックスの株価推移（週足）

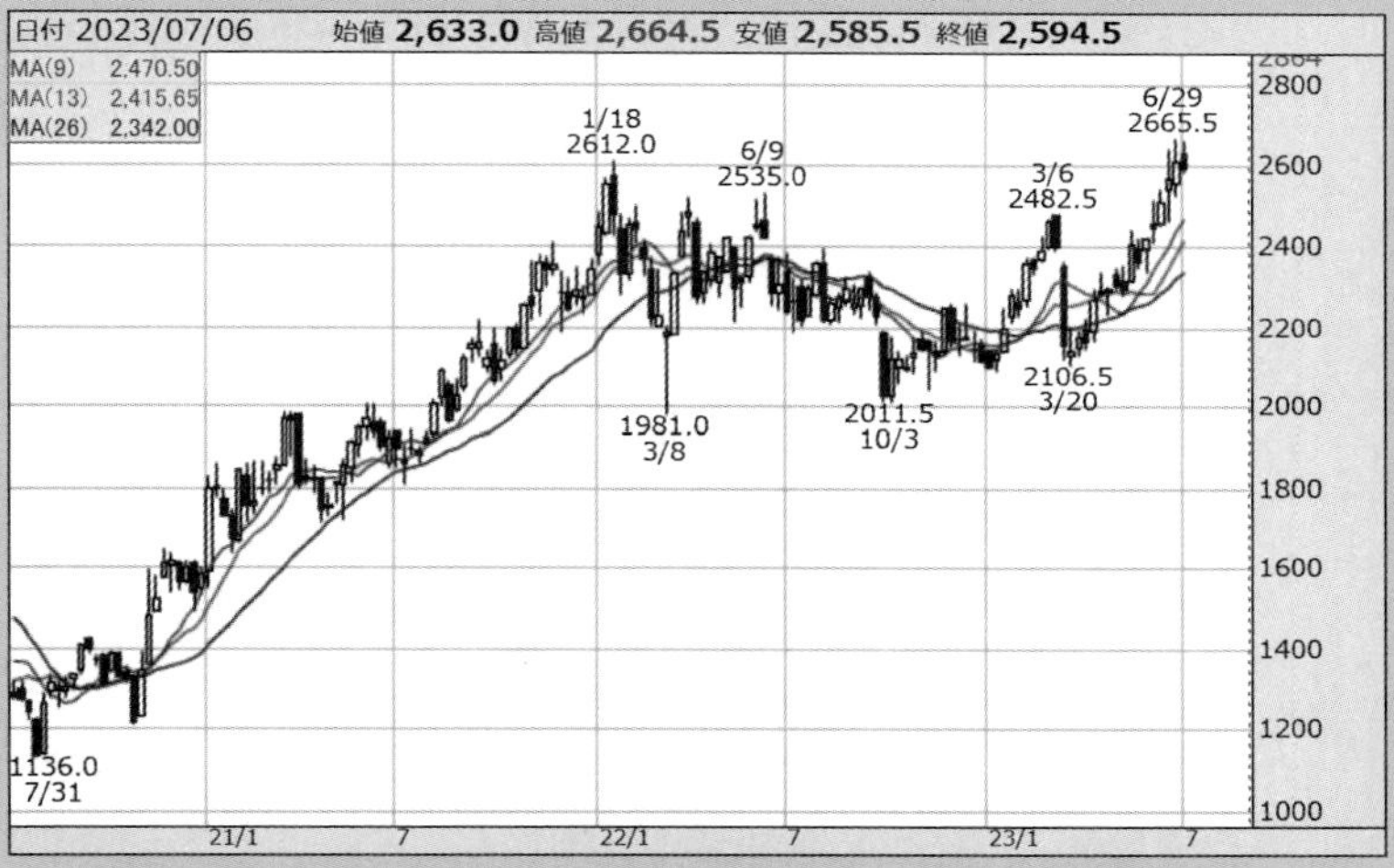

出典：株探（https://kabutan.jp/）

た人も、落胆する必要はありません。日本株には商社以外にも魅力的な銘柄がたくさんあるからです。バフェットもほかの銘柄を探し続けると明言しています。そこで、バフェットが次に狙うと思われる銘柄を私なりにいくつか予想してみます。

　まずは国内最大手の総合リース会社であるオリックス（８５９１）です（図15）。１９６４年に創業し、企業買収を繰り返しながら成長してきた同社は、約１０００社の連結子会社を持っています。投融資事業、生命保険、銀行、資産運用、不動産事業、環境エネルギー関連事業、自動車・船舶・航空機などのアセットファイナンス事業などを手掛けるコングロマリットで、その意味では総合商社に近い業態ともいえます。

　２０２３年７月時点でＰＥＲは約９倍、

図16　三菱UFJの株価推移（週足）

出典：株探（https://kabutan.jp/）

PBRも0・9倍、配当利回りは3・62％ですから、バフェットの目から見てもバリューで、日本株にしては配当も高いほうだといえます。

バリュー目線で見た場合、三菱UFJフィナンシャル・グループ（8306／以下、三菱UFJ／図16）と三井住友フィナンシャル・グループ（8316／以下、三井住友FG）のメガバンク2行にも注目しています。ともに高水準の利益を上げてきたにもかかわらず、株価が長期にわたり低迷してきたため、株価指標で見て割安となっています。

株式市場では金利低下が銀行（金融業）の収益悪化に直結するイメージがあります。金利が低下するたび、世界中で銀行株をはじめとした金融株が売り込まれてきたので

図17 パナソニックHDの株価推移（週足）

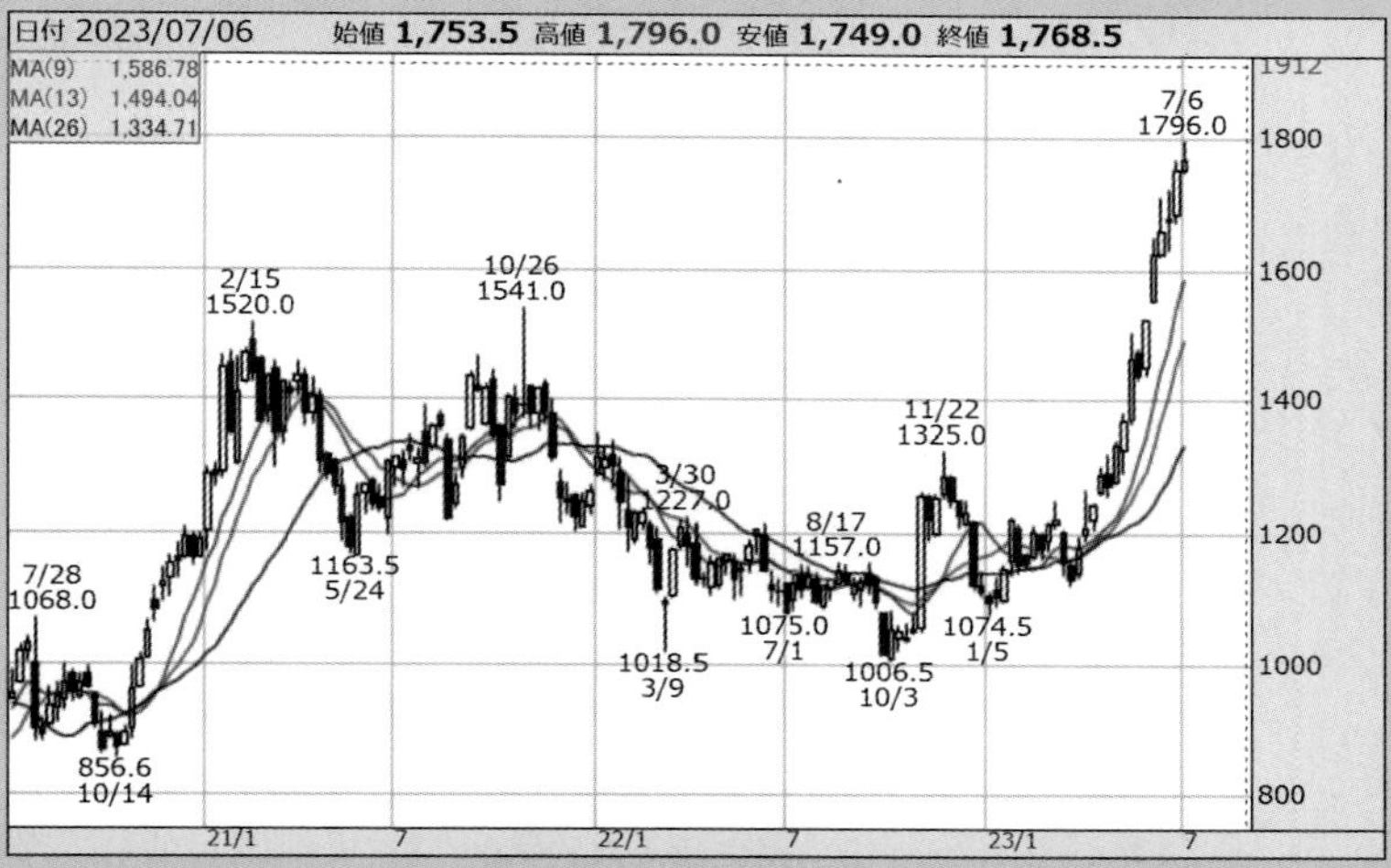

出典：株探（https://kabutan.jp/）

す。三菱ＵＦＪと三井住友ＦＧの株も２００８年以降は金利低下とともに売られ、金利が下がっている間は日経平均を大幅に下回るパフォーマンスとなっていました。

しかし実際のところ、両行は金利低下期でも安定的に高収益を上げています。銀行は政府・日銀のゼロ金利政策によって利ザヤ収入が期待できない状況が続いてきましたが、今後の世界的な金利上昇モードで両行にはさらなる追い風が吹きそうです。

最近、米国に工場を増設したパナソニック ホールディングス（６７５２／以下、パナソニックＨＤ）も次なるバフェット銘柄の候補の1つです（図17）。同社は主にテスラ（ＴＳＬＡ）向けの電気自動車（ＥＶ）用電池の生産能力を強化しています。２つ目の工場建設がカンザス州で進んでいますが、新たにオクラホマ州でも新設を検討しており、米国インフレ抑制法による補助金収入も見込めます。

欧州市場では同社のA2W（ヒートポンプ式温水給湯暖房機）が好調な売れ行きを示しています。A2Wは大気中の熱を集めて温水を作り、住宅に循環させることで暖房するシステムです。化石燃料を用いた暖房機器に比べてCO_2の排出量を抑えられるため、環境意識が高い欧州で需要が伸びているのでしょう。

こうした背景もあって、パナソニックHDは、2024年3月期決算は過去最高益を達成する見込みです。株価も上昇していますが、PERは11〜12倍程度、PBRも1倍程度で、まだバリューだと私は見ています。

ブランド力ならソニーやトヨタ自動車などの大型株

次に、企業のブランド力を重視するバフェットが狙いそうな銘柄の予測です。

まずはゲーム機という強力なハードを抱えるソニーグループ（6758／以下、ソニー／図18）と任天堂（7974）がその筆頭に挙げられるでしょう。両者ともに、海外でも超有名ブランドです。

ソニーの場合、従来の家電やエレクトロニクスなどのイメージは薄れ、映画や音楽、ゲーム&ネットワークサービス（G&NS）などのエンタテインメント事業が強化されており、同分

図18　ソニーの株価推移（週足）

出典：株探（https://kabutan.jp/）

図19　ブリヂストンの株価推移（週足）

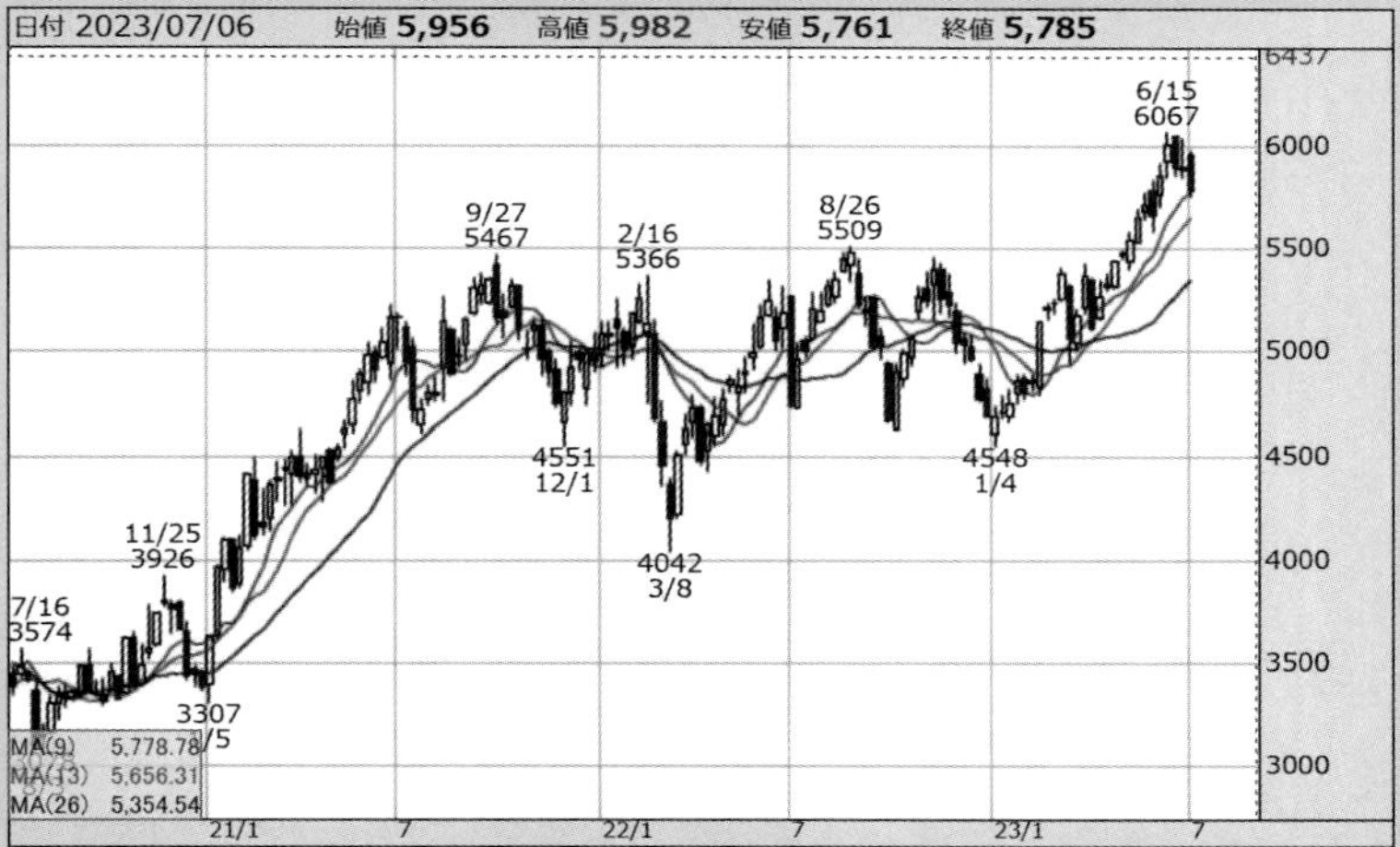

出典：株探（https://kabutan.jp/）

野で売上、営業利益ともにグループ連結の50%を超えるまでに成長しています。また、子会社であるソニーフィナンシャルグループの上場を視野に入れるなど、金融分野にも力を入れていくと発表しています。海外売上比率が高く、世界中で稼げる力を持っているのも強みです。

任天堂は、いわずと知れたゲーム機およびゲームソフトの大手優良企業で、ソニーと同じく海外売上が高いのが特徴です。バークシャー・ハサウェイはゲーム大手のアクティビジョン・ブリザード（ＡＴＶＩ）株を保有しているため、ゲーム業界に関する知見も備えているでしょう。その意味でソニーと任天堂の2社も、十分次の「バフェット銘柄」の候補になります。

次に、ＥＶに押されているとはいえ、日本が世界に誇るブランドといえば、やはり自動車業界です。ゼネラル・モーターズ（ＧＭ）にも投資しているバークシャー・ハサウェイが、トヨタ自動車（７２０３）やホンダ（７２６７）を見ていないとは思えません。

同じ自動車関連でいえば、タイヤのシェア世界2位のブリヂストン（５１０８／図19）も挙げられます。高いブランド力を持つ企業ですし、自分と家族の身を守るためには高価なタイヤでも買うものです。ＥＶにも当然タイヤは必要で、ブリヂストンはＥＶ向けタイヤの強化や脱炭素化などを進めるため、２０３０年度までに2兆８０００億円を投資すると発表しています。

食品や日本の「技術力」にも注目

日常的に消費されるわかりやすい商品を扱う企業を好むバフェットは、日清食品ＨＤ（２８

図20　ヤクルト本社の株価推移（週足）

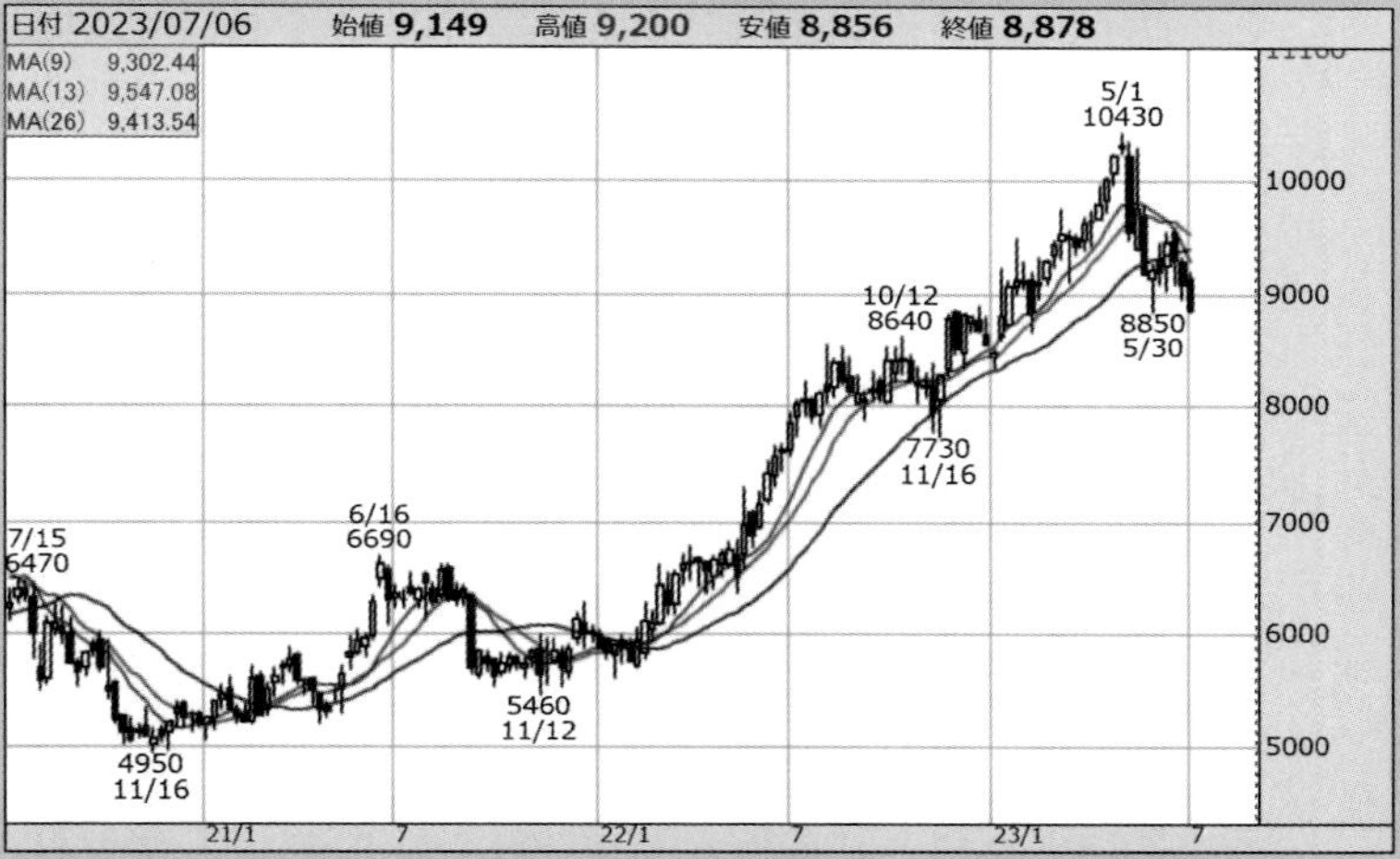

出典：株探（https://kabutan.jp/）

９７）や東洋水産（２８７５）にも目を向けているかもしれません。日清食品のカップヌードル、東洋水産の「マルちゃん」ブランドに代表される即席麺は、いまや世界的な商品です。

同じ理由でヤクルト本社（２２６７）にも注目しています（図20）。先日、私は台湾を旅行したのですが、屋台でヤクルトを売っているのを見かけて嬉しくなりました。同社のホームページによれば、現地生産、現地販売を基本とする「現地主義」で現在39の国と地域で販売を展開しているようです。台湾を皮切りにアジア、オセアニア、欧米にも事業展開しています。ヤクルトは決して高い商品ではありませんし、世界的な健康志向の高まりにもマッチします。世界市場開拓の余地はまだまだあるでしょう。

最後にダークホースとして、クボタ（６３２６／図21）とコマツ（６３０１）でしょうか。どちらも農業機械や建機などに限定された企業ですが、日本のモノ作りの結晶のような存在です。収益力もブランド力も高く、大きな市場シェアを握り、しかもＰＥＲでともに15倍を下回っています。

バフェットがバリューにどこまで重きを置くかにもよりますが、バリューを無視するならばファナック（６９５４）も候補の１つかもしれません。いわずと知れた工作機械の大手メーカーで、ＧＭとの合弁で設立したＧＭファナックロボティックス（現ファナックロボティックス）は、アメリカ最大のロボット会社に成長しています。

バフェットが手を出さない、手を引く銘柄とは？

逆に、バフェットが手を出さない、あるいは今後手を引きそうな銘柄について考えてみましょう。

最近の例では、半導体で世界トップの台湾企業、ＴＳＭＣ（ＴＳＭ）からの撤退が象徴的な例です。台湾は中国との緊張関係が高まっており、地政学リスクを避けるバフェットの姿勢が鮮明となりました。そのかわりとして、政治的に安定している日本株に目を向けたといえるかもしれません。

また、新型コロナウイルスの感染が拡大していた２０２０年5月には、デルタ・エア・ライ

図21　クボタの株価推移（週足）

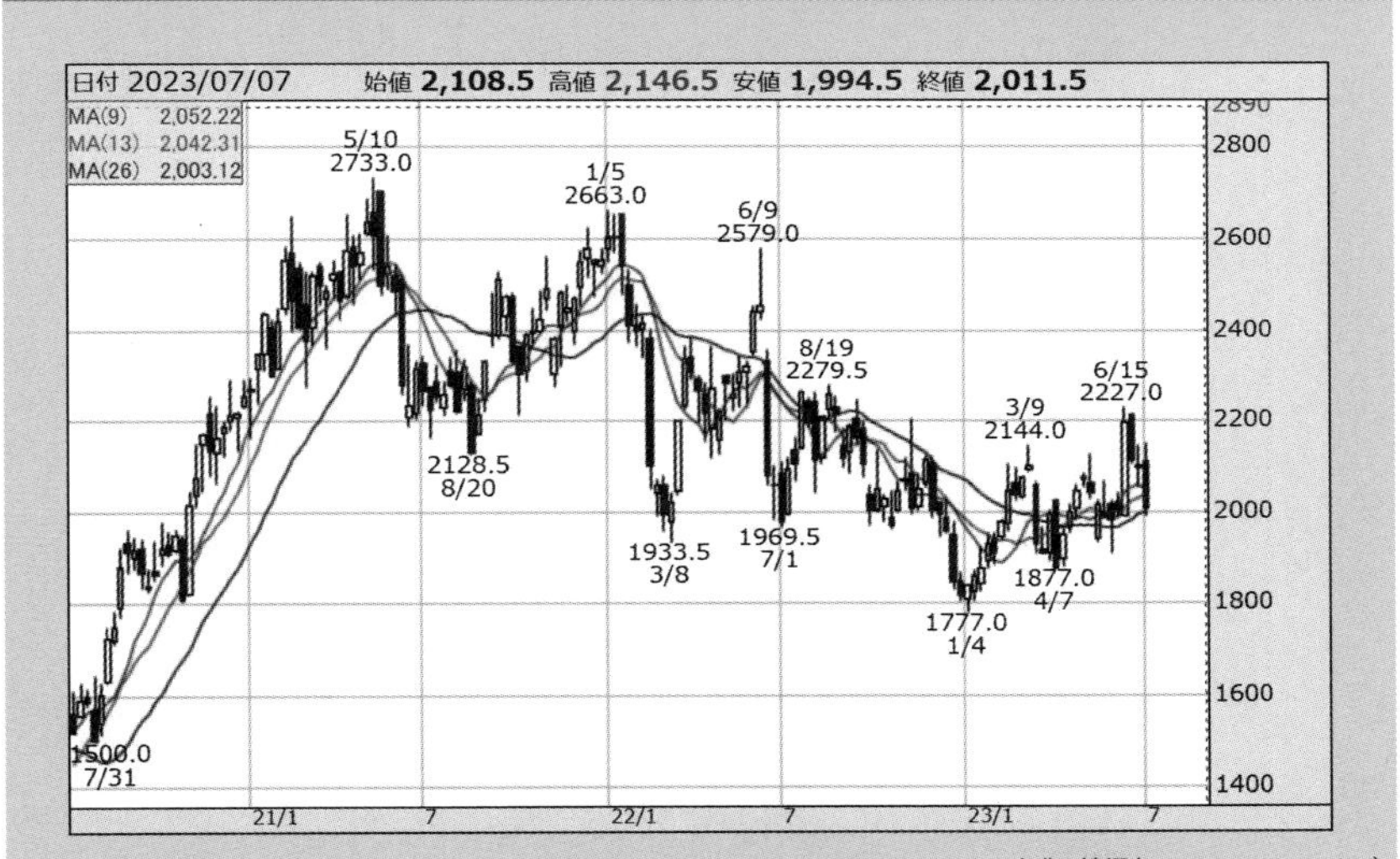

出典：株探（https://kabutan.jp/）

ンズ（ＤＡＬ）、アメリカン航空グループ（ＡＡＬ）、ユナイテッド・エアラインズＨＤ（ＵＡＬ）、サウスウエスト・エアラインズ（ＬＵＶ）の米大手エアライン４社の株式をすべて売却して大きな話題となりました。バフェットの投資はその企業が置かれた事業環境が平常であることが大前提です。自分がコントロールできない、想定できない事情を抱えている企業の株は手放す傾向にあります。

事業環境が安定していて、なおかつ割安であってもバフェットが手を出さない業種もあります。たとえば、不動産業界。日本株でいえば、三菱地所（８８０２）や三井不動産（８８０１）です。

日本の不動産業界は、不動産市況の上昇によって保有する賃貸不動産の含み益が拡大していています。しかし、不動産業界は土地を買って開発をするため巨額の資金が必要で、潤沢なキャッシュフローを生み出すビジネスではなく、株主還元に回すお金もあまりありません。アップルのように成長に比例して巨額の投資をする必要がないビジネスを築いている企業を好むバフェットが、三菱地所や三井不動産の株を買う可能性は低いと思います。

そのほか、バフェットの保有銘柄に小売業があまり見受けられないことから、高いブランド力を持つセブン&アイＨＤ（３３８２）なども除外されそうです。同様に、ＢｔｏＢ企業に食指を伸ばさないバフェットの投資スタイルを考えると、グローバル企業である信越化学工業（４０６３）なども候補から外れそうです。

自分の投資スタイルとバフェットの言葉を重ね合わせる

バフェットといえば、その投資格言が有名ですが、その中から私が好きなものを３つ選びました。それぞれ少し解説を加えます。

●「潮が引いて、初めて誰が裸で泳いでいたかがわかる」

これは一般的に「海パン理論」とも呼ばれています。すなわち、株式相場が全体的に上昇しているときは、資金管理がいい加減でも利益を上げることができたりします。そういうときは、むしろフルレバレッジで大儲けをした人がもてはやされたりします。潮が満ちているときは下半身が海水で隠れるので裸で泳いでいても平気なのと同じです。

しかし、下げ相場になるとそうはいきません。株価が暴落して、初めて資金管理や投資スタンスの優劣がわかるのです。ここでしっかりと資金を守れない人は、潮が引くように株式市場からいなくなります。つまり、海の中で裸だったことが露呈するのです。

これはバフェットが半分冗談で話した例えともいわれていますが、私は案外的を射た言葉だと思っています。私自身も、バブルのときでも調子に乗ることなく、自分のスタイルと異なる投資はしないように努めています。そして、相場が下げたときのことを常に想定して投資をしているつもりです。

●「愚か者でも経営できるビジネスに投資しなさい」

投資する大企業の根本的な「強さ」を重視するバフェットらしい言葉です。成長著しいベンチャー企業などは、どうしても経営者の能力と考え方が業績に色濃く反映されます。それに対して、すでに創業者が他界しているような大企業の場合は、さほど能力がない人がトップに立つこともあり得ます。そんな場合でも稼ぎ続けられるビジネスモデルを築いている企業に投資せよ、という教訓です。

アップルはスティーブ・ジョブズというカリスマ経営者を亡くしました。跡を継いだティム・クックも優秀な経営者です。でも、ジョブズほどのカリスマ性はありません。それでもアップルが圧倒的な好業績を続けているのは、それだけ強固なビジネスモデルを築いている証拠です。

この格言から考えると、バフェットはソフトバンクグループ（９９８４）のような企業には投資しない可能性が高いでしょう。孫正義というカリスマ経営者が去った後の展望が読めないからです。「次は誰が継ぐのか」ではなく「誰が継いでも大丈夫なビジネスモデルなのか」を考えよと、バフェットはいっているのです。

●「辛抱強さや冷静さは知能指数より重要かもしれない」

これは淡々と投資をすることの大切さを教えている格言です。リーマン・ショックのような危機が来ても、混乱したり投げやりになったりせずに落ち着いて対処すること、バブルのような局面でも調子に乗らないことを諭しています。

そもそもバフェットは、株価の短期的な動きに振り回されることを嫌い、放っておけば中長期的に成長していくようなセクターや企業に投資をします。目先の株価に一喜一憂することなく、自分なりの投資スタイルを貫く――言うは易く行うは難しですが、これを辛抱強く実行できた投資家だけが、バフェットのような成功を手にできるのかもしれません。

個人投資家なら小型株も狙える

２０２３年８月で93歳になるバフェットが過ごしてきた米国の株式市場は「黄金時代」とも

いえるものであり、インデックス・ファンドを買っても持ち続けているだけで大儲けができました。そして、バフェットは基本的に米国株が大好きなのです。

一方の日本株は、アベノミクス効果があった時期を除けば、タイミングを見計らって売買することでしか大きく儲かりにくい点で、米国株とは異なります。つまり、日本株に投資する場合は、バフェットが教える株式投資の王道を、日本の現状に変換して使うことが必要なのです。その変換の仕方に、投資家個々人の個性とセンスが出るということもできます。

また、バークシャー・ハサウェイは、ファンドの規模的に大企業への投資を行わざるを得ません。大企業は、当然ながら、その規模まで成長する過程で、一定の強みとブランド、優れたビジネスモデルを築いてきています。

特に有名な大企業の株価は、それらの評価を織り込んだ状態で形成されていることが多く、今後株価が急上昇するようなことはありません。

そのため、投資資金が数百万~数千万円である我々個人投資家が、バフェットの投資対象企業の規模感を真似する必要はありません。小型株でも、強みを持つ企業の株はたくさんあるからです。狙い目としては、ニッチな業界で圧倒的なシェアを持つ企業に目を向けてみましょう。

たとえば、私はオカダアイヨン（６２９４）という企業に投資をしています（図22）。時価総額は２００億円程度ですが、解体用の重機・建機のアーム先端に取り付けて使用するアタッチメントの製造では全国トップシェアの会社です。

図22　オカダアイヨンの株価推移

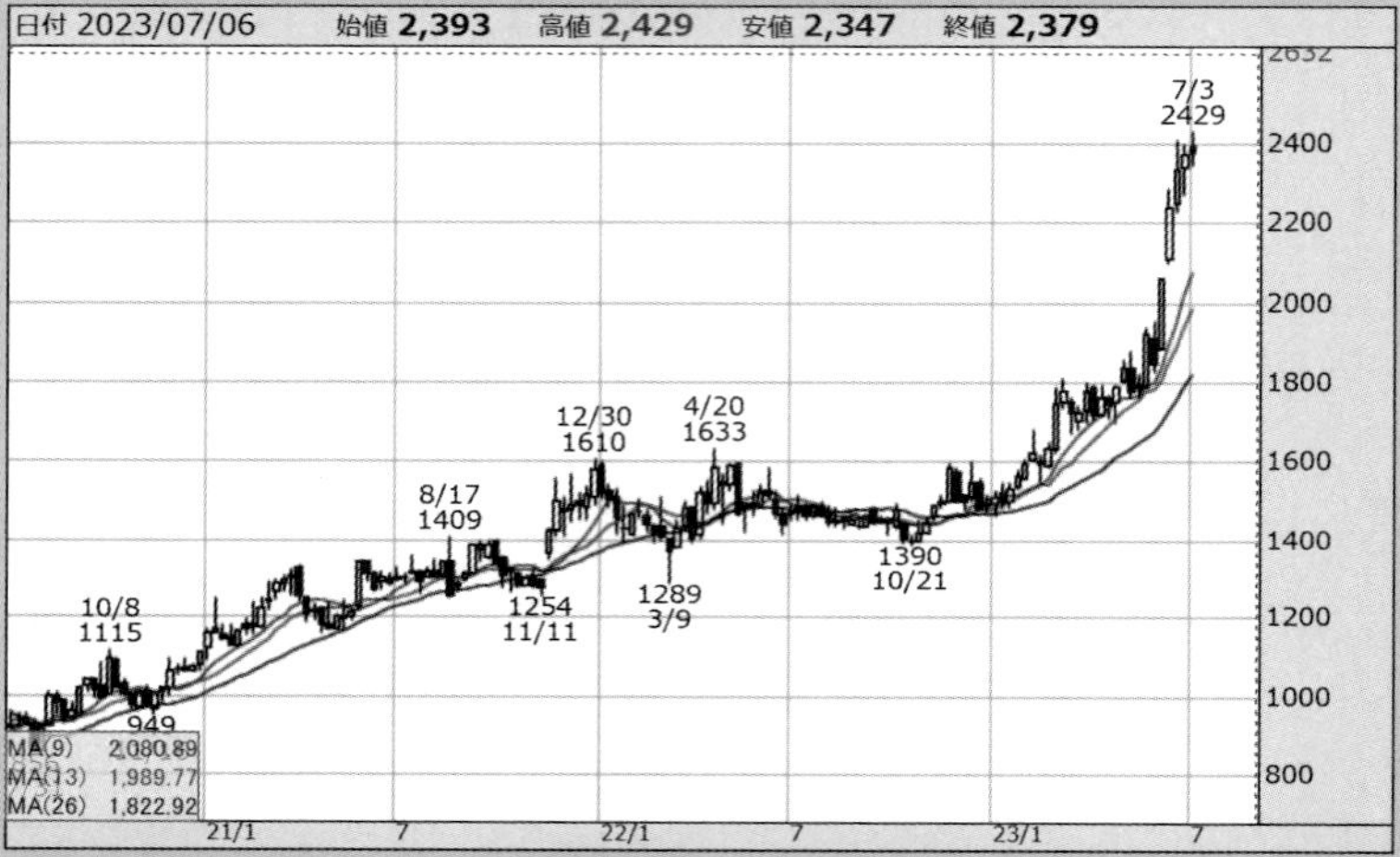

出典：株探（https://kabutan.jp/）

昨今では、1970～80年代の高度成長期に造られた建造物が次々に耐用年数に達しています。建て替えする場合にも解体工事は不可欠です。そこで、オカダアイヨンが製造する部品のメンテナンス需要が拡大すると考えられます。市場規模は小さいですが、参入障壁は高いので、放っておけば成長する企業ともいえるでしょう。バフェットが日本の個人投資家だったら、こういう会社に注目するのではないかと思います。

企業の将来性に賭けるのが株式投資の醍醐味

バフェットの投資の基本は、現在の資産価値と将来稼ぐであろう資産価値の足し算です。現在価値に関しては、「バリュー投資の父」とも呼ばれるベンジャミン・グレアムの薫陶を受けました。

しかし、バフェットはグレアムの門下生だった頃から、「グレアムのやり方では儲からない」と考えたようです。彼が世界一の投資家になれたのは、グレアムの手法に加え、フィリップ・フィッシャーの考え方を取り入れたからといわれています。

「グロース投資の父」と呼ばれるフィッシャーが投資対象としたのは、収益力や成長確度の高いクオリティー（優良）株でした。現在がバリューかどうかよりも、将来性があるか否かに賭けるのです。

たとえば、アップルのPERはすでに30倍を超えています。それでも保有比率が圧倒的に高いのは、バフェットがアップルの将来性を確信しているからともいえます。

もっとも、「将来性」の予想は、バフェットでも外すことがあります。「将来性」は、投資家によって判断が分かれるところです。その判断に個性が出るのはいいのですが、「思い込み」には注意しなければなりません。「この企業は成長する」と思い込んでしまうと、都合の良い情報しか目に入らなくなるからです。

どんなときも冷静さを失わず、自分のスタイルを貫くことを最重視する——。投資の神様ともいえるバフェットの教えを守りながら自分も投資を楽しんでいきたいと思います。

Buffett's NEXT TARGET

バフェットが狙う次の日本株「現実編」「将来編」4銘柄

▶ キリンさん

関西在住の40代兼業投資家。会社員生活の傍らで株式投資を行って8年が経過。投資スタイルは企業から発表される決算や中期経営計画などの一次情報から選別し、次の決算などのトリガーまでの期間の株価上昇を狙うモメンタム投資が軸。2019年より神戸・東京で個人投資家向け勉強会「神戸投資勉強会」を運営。日本の上場企業の企業価値向上に少しでも貢献することが人生後半の目標。
Twitter:@yudu1105

事業内容をしっかりと理解し、長期的に自信の持てる銘柄にまとまった資金を投じることがバフェットの投資スタイルの肝。その傾向を分析した上で、時価総額、強固な事業基盤、割安の観点から、バフェットが次に狙う日本株を占う。

バフェットの投資手法

しがないイチ個人兼業投資家である私の場合、「投資の神様」と呼ばれるバフェットのような大富豪とは手法もまったく違います。逆に、そうした「バフェット信者」でないからこそ、新しい視点から読者のみなさんの記憶に残ることを1つでも書ければとの思いで今回、筆をとらせていただきました。まず、バフェットの投資手法を学ぶ上で、まずは彼（が運営する米投資会社バークシャー・ハサウェイ）の直近の保有銘柄を見てみましょう。

図23にバークシャー・ハサウェイ保有銘柄のうち、保有上位13銘柄（ポートフォリオの1％以上を占める銘柄）を掲載しました。保有1位がアップル（ＡＡＰＬ）であることは有名な話ですが、ポートフォリオの4割超というのがすごいですね。しがない個人投資家でも1銘柄に4割以上資金を寄せるのはなかなか大変なことです（キリンが直近で寄せた投資例が気になった方は、『億り人がやっている　月10万稼ぐ10倍株&小型株投資法』（宝島社）も併せてご覧ください）。

保有1位のアップルを筆頭に上位5銘柄でポートフォリオの7割超、図に掲載の13銘柄の合計では88％を占めており、日本の総合商社のうち3社もこの中に含まれています。

バフェットは数多くの投資にまつわる格言を残していますが、ポートフォリオを見ながら投資手法といくつかの格言を併せて見ておきましょう。

●「並の会社をバーゲン価格で買うよりも素晴らしい会社を適切な価格で買うほうが断然良い」

この格言は、素晴らしい会社であればその株式には相応の価値（株価）がつくため、極めて割安の水準まで下がってくるのを待たなくても、一定の割安水準で購入できれば十分とするバ

図23 バークシャー・ハサウェイ保有銘柄（上位13銘柄）

No	ティッカー	銘柄名	保有配分
1	AAPL	アップル	43.92%
2	BAC	バンク・オブ・アメリカ	8.54%
3	AXP	アメリカン・エキスプレス	7.26%
4	KO	コカ・コーラ	7.17%
5	CVX	シェブロン	6.23%
6	OXY	オクシデンタル・ペトロリアム	4.03%
7	KHC	クラフト・ハインツ	3.63%
8	MCO	ムーディーズ	2.19%
9	8058	三菱商事	1.24%
10	ATVI	アクティビジョン・ブリザード	1.23%
11	8031	三井物産	1.13%
12	8001	伊藤忠商事	1.12%
13	HPQ	ヒューレット・パッカード	1.03%

出典：「moomoo」アプリ（2023.7.1時点の掲載情報）

フェットの考え方です。素晴らしい会社というのは、一時的な流行に乗るものではなく、長期的に人々から求められる定番商品・サービスを抱え、強固な事業基盤を有する会社を指すものと思われます。バークシャー・ハサウェイは、たとえば、コカ・コーラ（KO）を30年超にわたり保有していることで有名ですが、コカ・コーラが強固なブランド力を有していることは最早説明は不要でしょう。また、保有1位のアップルは世界一の時価総額を誇る企業で、バフェットも「世界で最も優れた事業」と評価しているようです。日本でもiPhoneを中心に高シェアを保持しており、強固な競争優位性を有した企業といえることは明らかでしょう。

●「分散投資は無知を保護する手段だ。投資を理解している人にとって、分散投資は理にかなっていない」

巨額の資産を運用するうえでは、多数の銘柄に分散するのが普通のようにも思えますが、事業内容をしっかりと理解し、長期的に自信の持てる銘柄にまとまった資金を投じることがバフェットの投資スタイルの肝といえるでしょう。

明確な投資の基準がある投資家にとって、株価が上がる確信の持てる銘柄があれば集中するべき、との考え方ですが、逆説的に言えば、確たる自信を持ちきれない投資家にとっては分散することも手法としてあり、ということと私は理解しています。私の場合は、特定の銘柄に確信を持てる状況のときのみ資金を集中させ、そうでないときは分散投資するようにしていますが、銘柄・決算内容を1つでも多く知り、自信を持って集中投資できる機会を増やしていきたいと考えています。

バフェットの投資手法を参考にするときの注意点

前述のとおり、バークシャー・ハサウェイの保有銘柄は把握することができるので、やろうと思えばポートフォリオを後追いすることは誰でもできるといえばできます。実際に、保有銘柄の多くは中長期的に業績が良く、一定程度有効な手法にもなりうるかなという気がします。

ですが、気をつけておくべきは、「バフェットは気に入った銘柄を超長期（永久？）投資するが、すべての銘柄を長期保有しているわけではない」ということです。投資意思決定手法の詳細は摑めませんが、機動的に売却の意思決定をする局面も見受けられます。

みなさんの記憶に新しいところでは、ＴＳＭＣ株のポジション削減があると思います。バークシャー・ハサウェイのＴＳＭＣ株保有が明らかになった２０２２年９月時点からわずか３カ月で保有の８割超を削減したものです。台湾が抱える地政学リスクを懸念したのか、意思決定の要因はわかりませんが、「バフェットイナゴ」する際には、常に保有継続が前提となっているわけではないことは頭に置いておいたほうがよいでしょう（逆説的ではありますが、バフェットの言葉に「**好きな保有期間は永年です**」というものもあります。投資した後も評価を継続的に行い、お眼鏡にかなった銘柄が超長期保有へと移っていくイメージかと思います）。

図24　三菱商事の株価推移（月足）

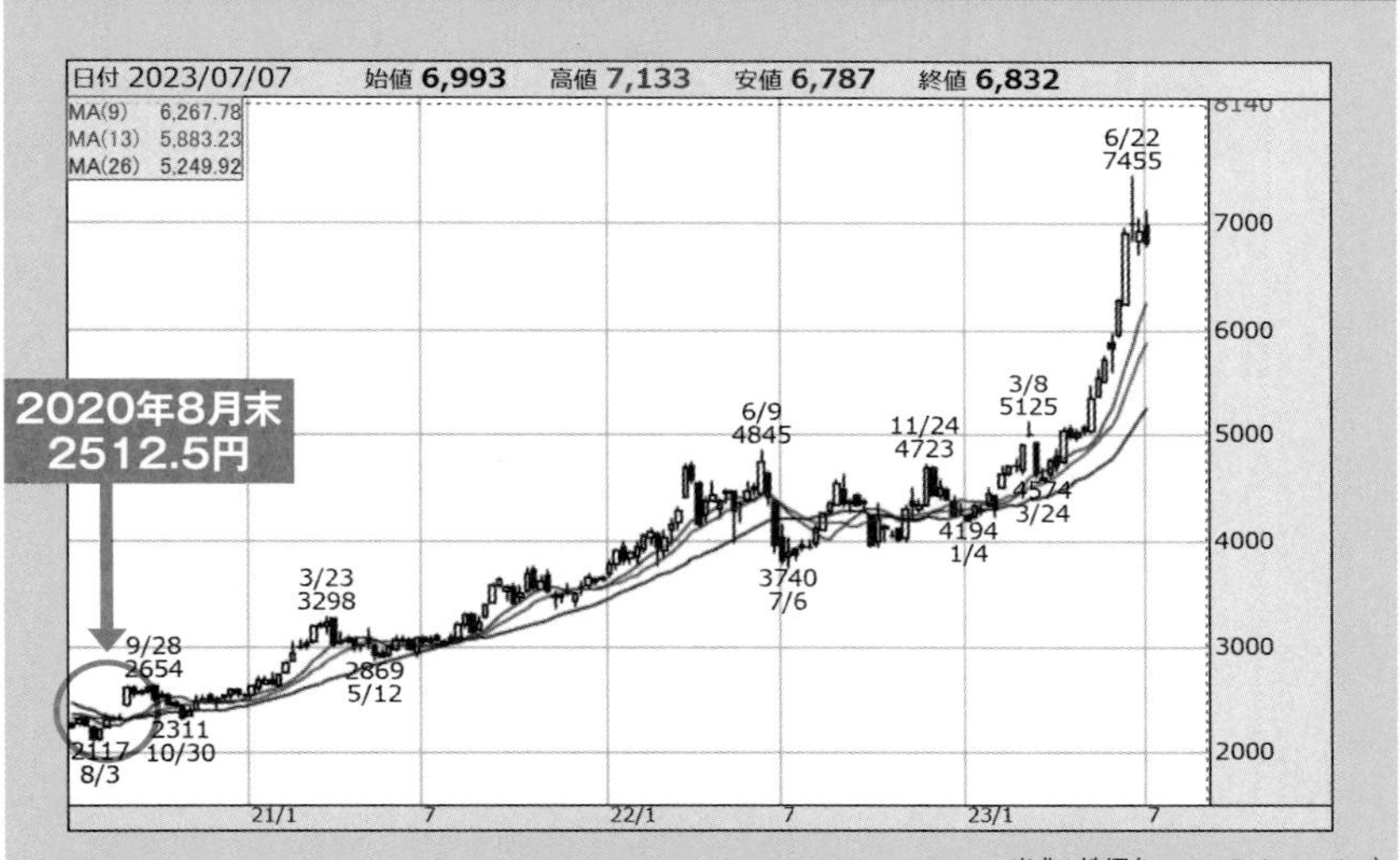

出典：株探（https://kabutan.jp/）

商社株はまだ「買い」か？

バークシャー・ハサウェイが２０２０年に日本の商社株に投資を行い、その後も段階的に追加投資を行い、そして２０２３年４月、さらに買い増しの報道が出たことは皆さんの記憶に新しいと思います。

では、まずなぜバフェットが日本の商社に投資を行ったのかから確認しておきましょう。

バフェットが率いるバークシャー・ハサウェイは、投資事業を行う一方で、保険、鉄道、公益・エネルギー、製造業、サービス・小売りなどの多岐にわたる事業を展開する複合企業です。そして、バフェットは日本の商社について、「これらの商社はとてもバークシャーに似ていると思う」との

図25 大手総合商社の株価指標

No	銘柄名（コード）	バークシャー	PER / PBR	配当利回り
1	三菱商事（8058）	8.45%	10.76 / 1.23	2.89%
2	三井物産（8031）	8.51%	9.37 / 1.30	2.77%
3	伊藤忠商事（8001）	8.13%	10.61 / 1.72	2.81%
4	丸紅（8002）	8.34%	9.85 / 1.51	3.20%
5	住友商事（8053）	8.25%	7.82 / 0.99	3.95%

出典：バークシャー保有割合は「moomoo」アプリ（2023.7.1時点） PER、PBR、配当利回りはYahooファイナンス（2023.6.30時点）

発言もしているように、事業内容が理解しやすかったことが投資に踏み切った大きな要因であったと思われます。

それでは日本の商社株は今からでも「買い」でしょうか？

バフェットの投資先は安定した事業基盤を有し、長期的に強みを発揮できる企業ではありますが、株価という点では彼の影響力ゆえ、投資が発表された銘柄は株価が大きく上昇しがちです。商社株についても当てはまっている状況で、バークシャー・ハサウェイの商社株保有が明らかになったのは2020年8月末ですが、たとえば三菱商事の株価を見ると、当時（2020年8月末）2512・5円だった株価が、2023年6月末で6930円と2・75倍まで大きく上昇しています（商社株だけ持っておけばよかったのですね……）。

当書籍執筆時点での大手商社の株価指標は図25のとおりです。前述のとおり、バークシャー・ハサウェイによる保有が明らかになって以降、大手商社の株価は大きく値上がりしていますが、それでもなお株価指標に割高感はない状況と思われます。一方で、東証が要請する「ＰＢＲ１倍」については住友商事以外の４社がすでに到達しており、ＰＢＲ是正の観点では要請を満たす水準まで買われている状況と見ることもできます。

また、過去のバークシャー・ハサウェイの発表によると、商社株への投資は長期保有を前提としていて、最大９・９％まで保有割合を引き上げる考えを示唆していたことから、今後もう一段階の追加投資への期待感は残っていると考えられます。

これらの状況を踏まえ、これまで商社株の上げに乗れなかった私はこのタイミングから買うことは考えていませんが、もし初動から買えて含み益が潤沢にある状況を作れていたとしたら、バークシャー社が９・９％まで買い増してくるタイミングまで引っ張ることを考えるのかなと思います。もし今から新規で買うことを検討される方は、市場全体の調整局面など、押し目を狙って購入したほうがよいのかなと個人的には考えています。

さて、ここからはいよいよ「ネクストバフェット銘柄」を探すことに移ります。商社５社以外にバフェットが投資する日本株はあるのでしょうか？　みなさんと一緒に見ていきたいと思います。

図26　バフェットが次に狙う日本株は？

No	銘柄名（コード）	時価総額	PER / PBR	配当利回り
1	INPEX（1605）	2.3兆円	7.3 / 0.56	3.81%
2	オリックス（8591）	3.2兆円	9.1 / 0.90	3.65%
3	ソニーグループ（6758）	16.2兆円	18.9 / 2.20	0.56%

出典：「株探」（https://kabutan.jp/）ほか

バフェットが次に狙う日本株は？【現実編】

さて、ここではバフェットが現在保有している商社株の次に購入する日本株の候補を考えていきます。まず、冒頭で元も子もないことを言いますが、新規投資の前に商社株のさらなる買い増しのほうが先だと思っています。商社との協業の可能性も示唆していたことがあり、ほかの日本株に関心を拡げる前に商社との関係を強化する行動をとる可能性のほうが高いのではないかと個人的に推察していることをまず申し上げたうえで、これ以降新規投資の可能性がある日本企業を予想してみます。

バフェットは、「商社以外にも気になる日本の企業がいくつかある、投資するかは価格次第である」「商社も、当時の株価が2倍だったら投資していなかった」旨の発言もしており、これらの点も踏まえ、主に下記の視点で考えてみました。

①時価総額が大きいこと（当然相応規模の企業でないとそもそもバークシャー社が買えない）
②強固な事業基盤を備え、バフェットの好きそうなビジネスを行っていること
③指標的に（ある程度）割安であること

これらの条件をベースに、図26に記載のとおり3社をピックアップしました。

まず、1番手にＩＮＰＥＸ（１６０５）を挙げました（図27）。

同社は日本最大の原油・天然ガス生産・開発企業で、オーストラリア・中東など海外の多くの国で権益を有しています。一方で株価はＰＥＲ7・3倍、ＰＢＲ0・56倍と割安な水準にとどまっており、バフェットが重きを置く「事業の理解のしやすさ」「ある程度の割安さ」といった条件を満たしている企業と思われます。

実際、バークシャー・ハサウェイは２０２０年に日本の商社に投資した後、２０２２年に米国や中東で石油・天然ガスの開発を手掛ける米オクシデンタル・ペトロリアム（ＯＸＹ）に投資し、その後追加投資も行ってきているなど、エネルギー資源株に積極的に投資を行っている実績もあり、日本株のネクストバフェット銘柄1番手としてＩＮＰＥＸを取り上げさせていただきました。

続いて、オリックス（８５９１）を挙げます。オリックスもリースを手始めに生保・不動産などに多角化し、また、大手商社と同様に事業投資も手広く手掛けています。また、出資予定の大阪ＩＲが国から認定されるなど、今後の業績面も期待が持て、かつ指標的にも割安感があ

図27　INPEXの株価推移（週足）

出典：株探（https://kabutan.jp/）

ると思います。

次に、指標の割安さではここまでに挙げた銘柄と比べてやや劣りますが、ソニーグループ（６７５８）を選びました（図28）。

ソニーは、昔は音響機器やテレビなどを軸としていましたが、ビジネスモデルを大きく転換し、今ではプレイステーションシリーズに代表されるゲームや金融などで収益を稼ぐ企業となっています。ゲームの分野で世界で戦う任天堂とソニーのどちらを選ぶか迷いましたが、より収益源が多角化しており、指標的に多少割安なソニーグループをここでは選んでみました。

バフェットが次に狙う日本株は？【将来編】

ここまでで３社をピックアップしました

図28　ソニーグループの株価推移（週足）

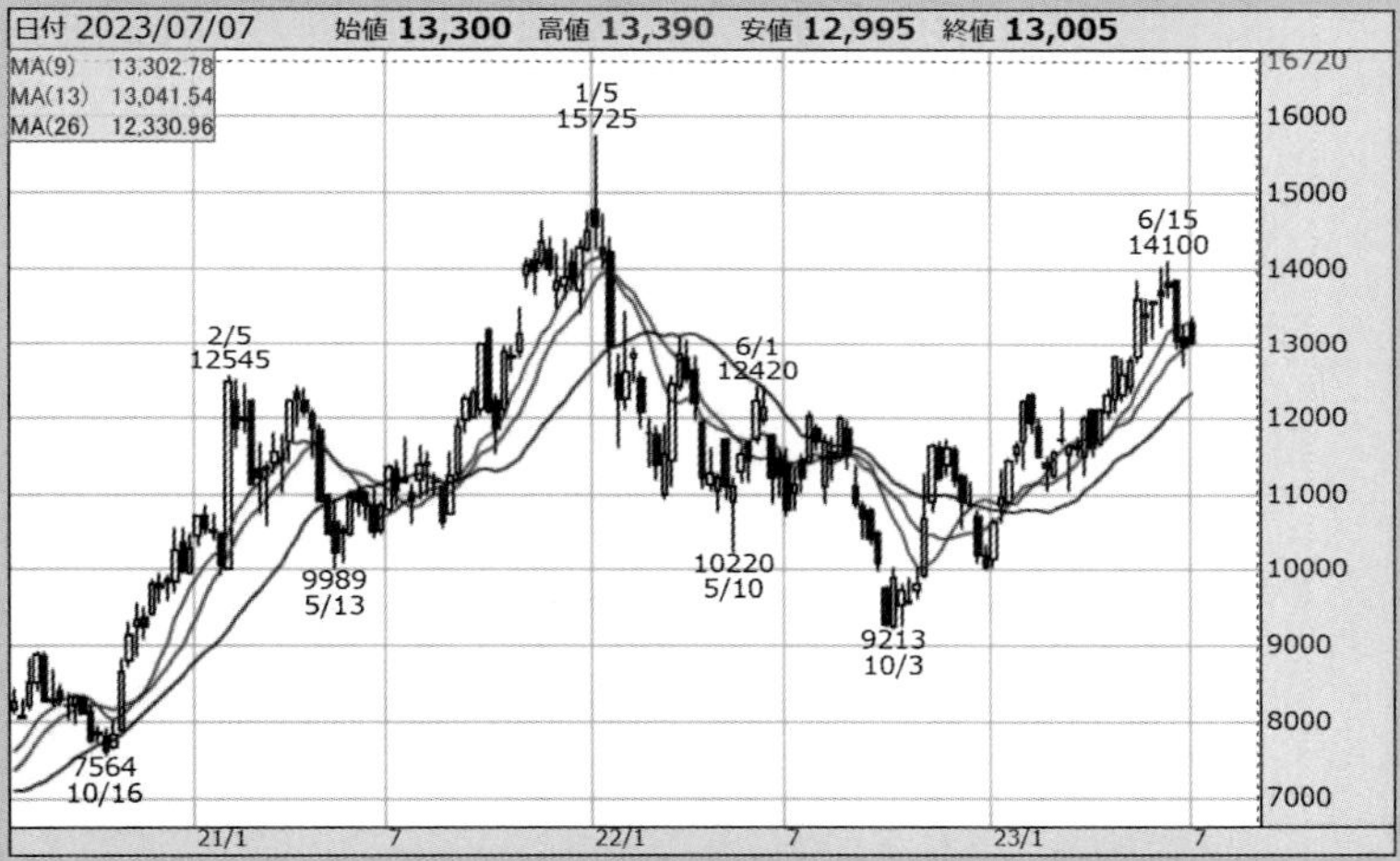

出典：株探（https://kabutan.jp/）

が、まあ何と言いますか、我ながら独自性に欠けている感が拭えません。

普段大型株のことを考える機会がほとんどないので逆に新鮮ではありましたが、せっかくの機会ですので、自分の立ち位置を踏まえた書き方も残しておきたくなりました。

私が主催する「神戸投資勉強会」では現状、中・小型株を中心に、上場企業のＩＲセミナーを開催しています（２０２３年７月末時点で累計33社、延べ49回開催）。

この中に現時点ですぐにバフェットが投資するような規模の会社はありませんが、今後の成長に伴って時価総額が大きくなった際に大口投資家が入ってくるかもしれない「将来枠」をここでは記載したいと思います。

将来枠として、プレミアムウォーターホールディングス（2588）を挙げます（図29）。

2013年上場の比較的新しい会社ですが、宅配水の国内シェアが年々上昇し、35％程度を占める国内首位の企業となります。全国8カ所に水源を有し、その水源から採取した天然水を独自の配送網で定期配送するストック型ビジネスを主力事業としています。過去に資源投下して強化した営業体制による顧客獲得力に強みがあり、現在も四半期ごとに保有顧客数を伸ばし続けており、売上・利益も継続的に成長しています。

一方で株主還元も強化しており、かつ連続増配の姿勢も見え、幅広い層の投資家の網にかかりやすい銘柄だと思っています。

ビジネスのわかりやすさも含め、今後のさらなる成長の先にバフェットも含めた大口投資家からも着目される存在になる可能性を持つ銘柄として紹介しました。

初心者〜中級者がバフェットの投資行動から参考にすべきこととは？

一番学ぶべきは、「自分にとってサステナブルで再現性のある投資手法を見つけ出すこと、そして長く継続すること」ではないかと思います。

バフェットの考え方・手法がしっくりくる人は手法自体を近づける努力をしてもよいと思いますし、長期投資にこだわる必要も必ずしもないと個人的には考えていますが、それぞれにとってストレスが少なく、再現性のある手法を見つけ、長く株式投資を楽しみながら資産形成を

図29　プレミアムWの株価推移（月足）

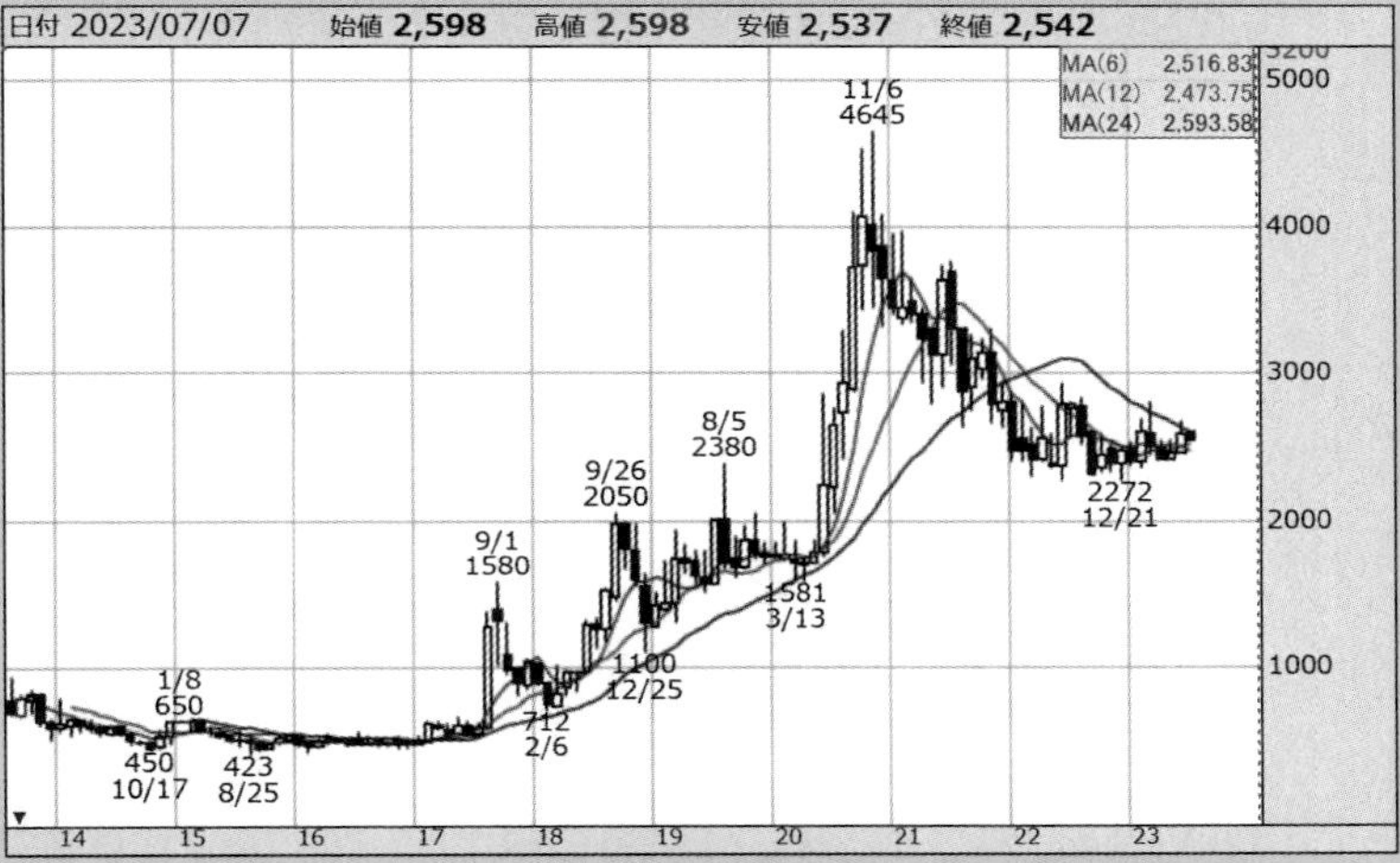

出典：株探（https://kabutan.jp/）

していければよいのではないでしょうか（ちなみに、私は8年程度株式投資をやっていますが、投資手法については非常に右往左往してきまして、なかなかしっくりくる手法が定まらず、ここ数年でようやく慣れた手法ができてきた感じです）。

あと、バフェット云々に限らずですが、初心者の方で気をつけたほうがいいと思うのが、投資について他者から話を聞く際に、銘柄を覚えて同じ銘柄を売買するのではなく、その人の考え方を理解できるように質問し、学ぶよう意識することをおすすめします。

それを繰り返すことで、自分に合う・合わないが徐々にわかってくると思いますし、考え方をほかの銘柄にも応用できればご自身の再現性ある手法として武器にすることにもつながるでしょう。

それと、我々個人投資家が戦う相場には国内・海外の大口投資家もいれば個人投資家の中にも凄腕投資家が山のようにいる修羅の道であるともいえます。ですが、個人投資家、とりわけ兼業の方は「いつまでに何%増やさないといけない」といったノルマがあるわけではありませんし、目標設定は自由で、それが株式投資の1つのいいところと思っています。また、大口投資家が売買できないような小型株を触れるのも個人の強みになることもあります。資金力の差で委縮する必要はまったくない世界ですので、株式投資を楽しむ意識で日々がんばってまいりましょう。

成功者のマインドを知る

私自身は投資歴8年程度の中で、さまざまな投資手法を試してはみましたが、基本的に自分の感性でやってきているので、特段著名投資家の書籍などから学ぶということはしてきませんでした。

今回筆をとるに際しても、バフェットの投資についてほかの人たちに比べればあまり知らない状態から勉強し直しましたが、参考にする・しないにかかわらず成功者のマインドを知るというのは意味のあることなのだろうなと、取り組んでみて感じた次第です。

この本の読者の中には、投資を始めてみたけど手法が確立しきれていないという方もいらっ

図30　主な個人投資家主催勉強会

勉強会名	場所	主催者(Twitterアカウント)
湘南投資勉強会	神奈川／東京（オンライン同時配信あり）	kenmo(@kenmokenmo)
Kabu Berry	名古屋（オンライン同時配信あり）	yama(@nagoya_kabuoff)
Kabu Link	名古屋	エース(@perfectdarkace)
神戸投資勉強会	神戸／東京	キリン(@yudu1105)

しゃるかと思います。

最終的には自分に合うスタイルを自分で作っていくことが投資を長く楽しむうえで不可欠と思っていますので、試行錯誤するなかでつかんでほしいと願っていますが、他者の考えを知ることは有用な部分もありますので、ぜひアンテナを広く張って情報収集に取り組んでいただければと思います。

全国各地で活況な個人投資家主催の勉強会が開催されています。私が運営する神戸投資勉強会もその1つですが、「湘南投資勉強会（湘南）」「Ｋａｂｕ Ｂｅｒｒｙ（名古屋）」「Ｋａｂｕ Ｌｉｎｋ（名古屋）」などの会が活発に開催され活況を呈しています。ご存じない方はぜひＴｗｉｔｔｅｒで検索して参加を検討してみてください。

私も勉強会主催者といえどまだまだ勉強中の身と心得ています。神戸投資勉強会の取組みの中でぜひみなさんとともに（自分も含めた）個人投資家のリテラシー向上、および上場企業の認知度向上に貢献していきたいと思っています。

Buffett's NEXT TARGET

IPOセカンダリー投資にも活かせるベーシックなバフェットの手法

▶ テンバガー投資家Xさん

投資歴20年超の兼業投資家。2022年、保有銘柄のアズームがテンバガーを達成し、Twitterのフォロワーが数百人台から3万5000人（2023年7月7日現在）に急増。2022年末時点で純金融資産は2億7000万円。しかし本業収入が年収で1億2000万円あるため、株式投資は「趣味」で行い、ほかに不動産投資も手掛ける。主要な株式投資の手法はIPOセカンダリー投資。Twitter（@Investor__X）上でも、IPOに関する情報をこまめに発信している。

「自分が理解できるビジネスモデルの会社を買う」という考えや、将来にわたって成長が見込めそうな銘柄を長期保有するというバフェットの投資方針は、グローバルな大企業だけでなく、IPO（新規公開株）の銘柄選択にも役立つ。

IPOセカンダリー投資とバフェットの手法の共通点

私は有名なウォーレン・バフェットの投資手法を積極的に取り入れているわけではありません。しかし、バフェットの投資手法や有名な格言などを見る限り、私が主に行っているIPOのセカンダリー狙いという投資手法と共通する部分も多々あるのではないかと思っています。

企業の本質的な価値を定量的に分析し、その価値よりも市場評価が低い（＝割安な）銘柄を買うというバリュー投資の手法は、そのままＩＰＯセカンダリー投資に応用することはできません。

しかしたとえば、「自分が理解できるビジネスモデルの会社を買う」という考えはまさに私の投資手法の基本ですし、結果的にではありますが、銘柄の選定方法や、将来にわたって成長が見込めそうな銘柄に関して長期保有するというバフェットの方針は、私も日常的に行っています。

バフェットも、おそらく初期の頃と今では投資手法も変わってきているのではないかと思います。現在はバークシャー・ハサウェイという機関投資家的な立場から投資しているので、大型株でブランド力もあり、グローバルかつ安全性の高い企業の株が、主な投資対象になっています。

しかしかつてのバフェットは、フィリップ・フィッシャーの成長株理論に基づく投資を実践して、シーズ・キャンディーズのような小さい会社を買収したこともありました。私の投資手法も、将来成長の期待できる小型株を買って、成長を享受していくやり方ですから、もしかしたら昔のバフェットとは近いのかもしれません。

バフェットの理論はグレアムの割安株投資が85％、フィッシャーの成長株投資が15％などともいわれています。市場で適正に評価されていない割安株を探して投資するやり方は私の投資

図31　新日本建設の株価推移（週足）

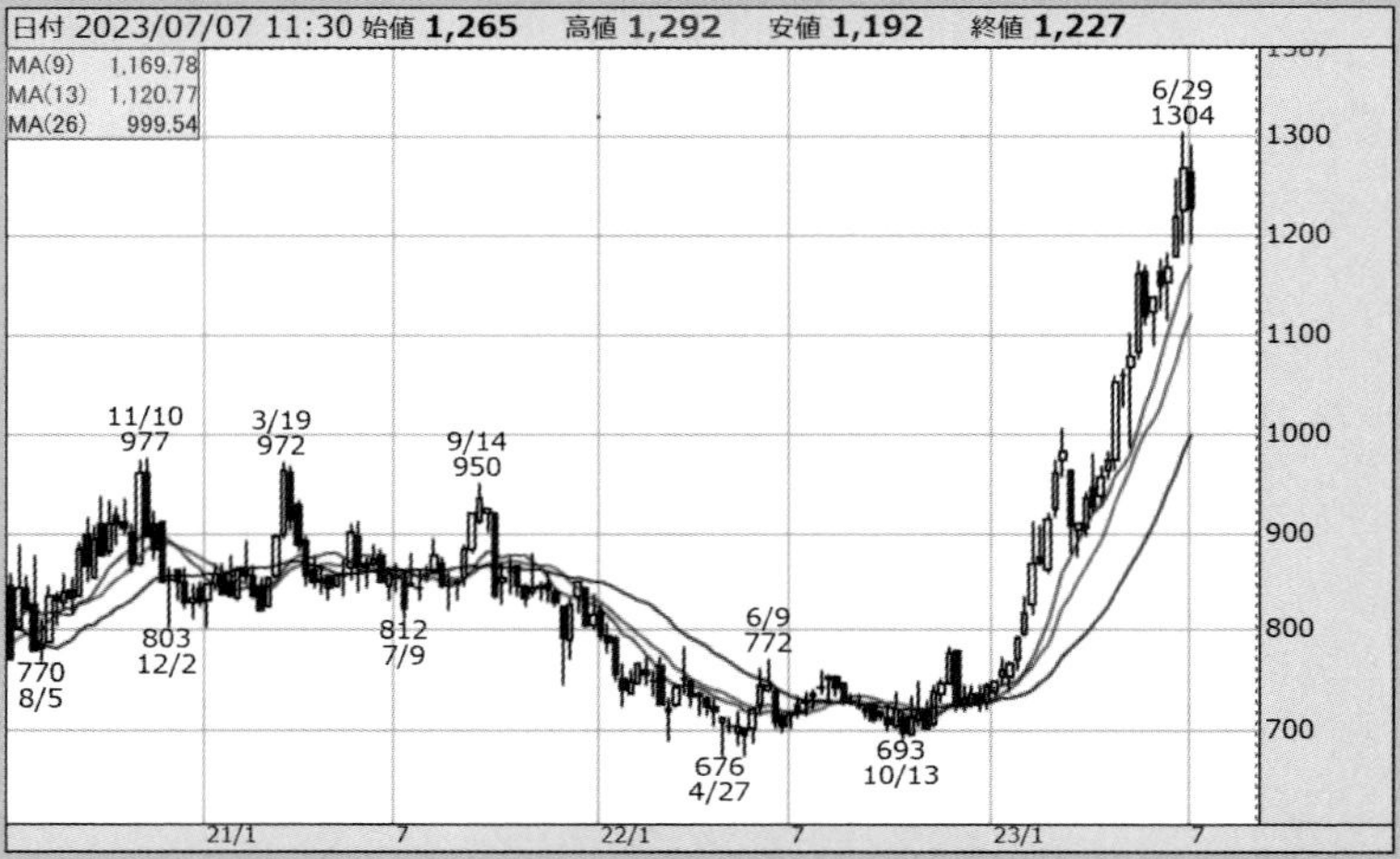

出典：株探（https://kabutan.jp/）

手法とは違いますが、それでも銘柄を選択する視点は共通する部分があります。

たとえば２０２３年に入り、ＰＢＲが低迷する企業に対して、東証が改善を求めるという動きが始まっています。やはりＰＢＲやＰＥＲは割安の指標としては重要で、より資本を効率的に活用して収益を高める目安になるのです。

しかし日本の上場企業はあまりこの点を重視せず、欧米企業に比べてＰＢＲが１倍を割る企業が多いため、東証もその改善に乗り出したということです。

実際、ＰＢＲが１倍を大きく下回り、土地の含み資産やキャッシュが潤沢にあるにもかかわらず、市場の評価が追いついていないような会社はたくさんあります。私が保有している銘柄では、新日本建設（１８

79）などがその一例です（図31）。

2023年に入り、880円で購入して6月末に1300円になっていますので、48％くらいの利益率になっています。同社のPBRは7月に入ってもまだ0・7倍程度と割安です。

新日本建設については、必ずしもバフェットの投資手法を参考にしたわけではないのですが、やはりPBRのような基本的株価指標は大事だと思います。

結局、PBR1倍以下の企業は、東証の基準に従って資本の収益性向上を図ったり、投資家向けの情報開示に力を入れたりする努力が必要になります。

成長戦略を遂行して株価が上昇すれば問題はありませんが、成長戦略がすぐに描けない企業は、自社株買いや増配などの施策を打つ必要があるでしょう。株主還元という点からいえば、それも悪いことではありませんが、一過性の施策に終わる可能性があります。

その意味では、PBR1倍以下の企業は、その潤沢な資金を利用して次の成長戦略が描きやすいということもできます。

バフェットが総合商社を買った多角的理由

バフェットが株の買い増しを発表した総合商社の場合も、PBRは1倍前後で推移しており、PERも10倍程度かそれ以下に収まっています。日本の上場企業の平均PERは15倍くらいといわれていますから、かなりバフェット好みの基準ではないかと思われます。

加えて三菱商事（8058）の場合などは、2023年5月の決算発表で、今後も累進配当を継続していく方針を明らかにしました。累進配当とは、持続的な利益成長に合わせて増配を継続していくというもので、株主重視の姿勢を明確にしたものと考えられます。これもバフェットが商社株を買い増した要因の1つと考えられます。

あとは日本の商社が持つ独自のビジネスモデルが、バフェットの関心を引いたのかと思われます。商社のビジネスモデルは、投資会社のそれによく似ています。バフェットのバークシャー・ハサウェイも投資会社で、保有株比率の1位はアップル（AAPL）ですが、シェブロン（CVX）やオクシデンタル・ペトロリアム（OXY）などの資源エネルギー関連企業にも投資しています。同様に、日本の総合商社も世界中で資源エネルギーの権益を持っており、投資先の内容に非常に近い部分があります。

さらにバークシャー社の場合は、バフェットの意向も働いているのか、投資先のセクターに偏りがあります。しかし総合商社の場合は、資源分野だけでなく「ラーメンからロケットまで」などとよくいわれるように、非資源分野の食料品や輸送、通信事業など、幅広く事業を展開しています。バフェットの投資手法に合っているだけでなく、バフェットが今までフォローしてこなかった分野にも精通しているところに、可能性を感じているのかもしれません。

もう一点、バフェットが日本の総合商社に目を付けた理由は、彼の年齢と無関係ではないと思います。

バフェットは、2023年の8月で93歳になります。「終活」というと失礼かもしれませんが、今から成長する企業を買うよりは、残りの資産を自分が亡くなった後も会社に残すための投資を考えていると思うのです。自分がいなくなってから10年、50年経っても収益をもたらすような会社。そういう投資先を今は選んでいるのではないでしょうか。

そう考えたとき、日本の総合商社株は、長期的に保有することで十分利益を出してくれるでしょう。2023年4月にバフェットが総合商社の買い増しを表明し、その後商社株は急騰しました。しかし6月くらいにはその反動に加え、米国の景気低迷不安や利上げの警戒感から商社株の株価も大きく落ち込みました。

このように短期的には変動を繰り返すでしょうが、長期で保有するつもりであれば、今からバフェットに追随して商社株を買っても遅くはないと思います。

あるいはバフェットが買い増すかどうかにかかわらず、長期的な観点で商社株を保有する「旨味」は、ほかにもあります。その1つがインフレ対策です。物価上昇局面では、資源エネルギー株が相場の主役になることが歴史的にも証明されています。その中で、やはり資源エネルギー関連分野に投資をしている商社の株は、インフレ対策にもなりますし、実際、バフェットも最近はシェブロンなどの資源エネルギー株を買い増しています。

また、インフレ懸念が収まり、資源関連などのコモディティ商品が低迷すると、逆にハイテクなどの分野が上昇してきますが、総合商社の場合はこの分野にも投資を行っています。つまり事業の中で自然に「分散投資」が行われているわけで、その意味でも総合商社の株は長期投資に向いているのです。

バークシャー社の保有株から次の「バフェット銘柄」を類推

こうした観点を踏まえて、バフェットが次に狙う日本株を私なりに予測してみました。その一番簡単な方法は、バフェット（バークシャー・ハサウェイ社）が持っている個々の銘柄を参考にすることです（28～29ページ参照）。

最も保有比率の高いのはアップルで、ほかにバンク・オブ・アメリカ（ＢＡＣ）などの銀行株、食品系のコカ・コーラ（ＫＯ）、アメリカン・エキスプレス（ＡＸＰ）などのカード会社、アマゾン・ドット・コム（ＡＭＺＮ）、そのほか先ほど挙げた資源エネルギー関連や、携帯キャリア、自動車などの株を保有しています。

一見、バラエティーに富んでいるポートフォリオのように見えますが、代表的な50銘柄ほどを見ると、セクターは偏っており、かつ同じセクターの中から何社も買っています。しかもほとんどが世界に名だたるグローバル企業です。

正直なところ、これらに対抗できるような日本企業は、ほとんどありません。日本で時価総額トップのトヨタ自動車（７２０３）の時価総額は、アップルの10分の1以下です。そのため、まず企業規模の面で見れば、バフェットが次に狙う日本株は自然と時価総額上位20社くらいに絞られてくるでしょう。

次に業種・セクター別に見た場合はどうでしょうか？　バークシャー社のポートフォリオから類推すると、まずシェブロンなどに該当する資源エネルギー関連企業、アップルに該当するソニーグループ（6758／以下、ソニー）などのIT企業、メガバンクなどの金融、携帯キャリア、食料品などが考えられます。加えて、バフェットの言動などから類推すると、10年、20年後も成長を続け、利益をもたらしてくれる会社でなければなりません。

これらの要件をすべて満たす日本企業はなかなか見つけにくいのですが、今回は私の中であえて「本命」「対抗」「大穴」に分けて、次の「バフェット銘柄」を予想してみました。

次にバフェットが狙う日本株を大予想

●本命：トヨタ自動車

まずは単純に、時価総額上位で、かつグローバル企業の中から絞り込んでみました。先に挙げたトヨタ自動車（図32）、ソニーのほか、ファーストリテイリング（9983）、信越化学工業（4063）、ダイキン工業（6367）、任天堂（7974）、日立製作所（6501）――このあたりの企業が、バークシャー社のポートフォリオに入っても見劣りしないところかと思います。

ただし、バフェットが重視する配当利回りを見ると、ソニーやファーストリテイリングなど

図32　トヨタ自動車の株価推移（週足）

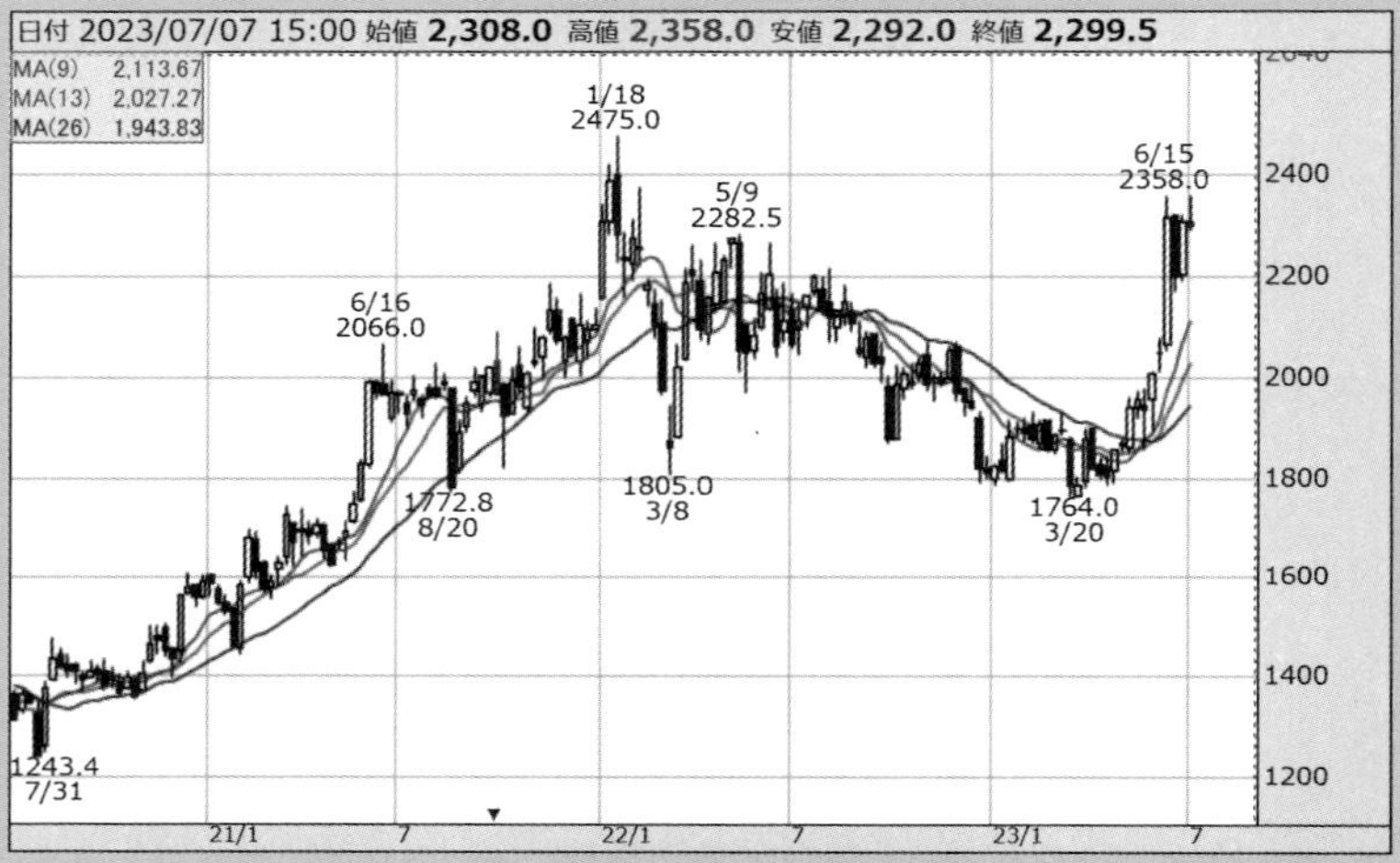

出典：株探（https://kabutan.jp/）

は1％を切っていますし、世界トップ級のエアコンメーカーであるダイキン工業も同様です。

したがって、時価総額トップ20位ぐらいの中でバフェットが買いそうなのは、5大商社を除けばトヨタ自動車くらいかなと思います。バフェットの保有株の中にもゼネラル・モーターズ（GM）が入っていますし、バフェット自身の愛車もキャデラックでした。

また、あまり知られていませんが、中国の電気自動車（EV）大手・比亜迪（BYD）の株なども保有しています。今後のEV市場の成長性を考えても、バフェットが日本の自動車銘柄を買う可能性はありますし、その一番の本命といえばやはりトヨタ自動車だろうと考えます。

●対抗①：メガバンク

次の対抗馬となりそうなのがメガバンクです。メガバンクの場合は、世界に進出して大きく成長するような業態ではありませんが、株主重視の姿勢には力を入れています。

たとえば三菱ＵＦＪフィナンシャルグループ（８３０６／以下、三菱ＵＦＪ／図33）は３期連続増配を続けていますが、三菱商事と同様、今後も累進配当制で利益に合わせて配当を増やし続けていくことを表明しています。ＰＥＲは10倍程度、ＰＢＲも１倍以下と指標的にも割安です。加えて、金利上昇局面では銀行の収益は伸びていきますので、今後の収益も期待できます。

世界に大きく進出していないといいましたが、三菱ＵＦＪなどは、東南アジアのノンバンクを買収したり、モルガン・スタンレー証券との共同出資で子会社を作るなど、海外への進出に少しずつ乗り出している面が見受けられます。

さらにバフェットが財閥系の商社株を買っていることから、そのつながりで今後も財閥系の企業、すなわち三菱、三井住友のような財閥系の銀行株を買っていく可能性もあるかと思います。２０２３年5月には、三菱商事が三菱ＵＦＪとともに、脱炭素化につながる技術を持つスタートアップ企業などに投資するためのファンドを立ち上げるという報道もありました。このような財閥系企業の中での協業の動きは、ＥＶの開発に関しても見られますので、その資金源となるメガバンクの存在は今後も大きくなっていくと考えられます。

図33　三菱UFJの株価推移（週足）

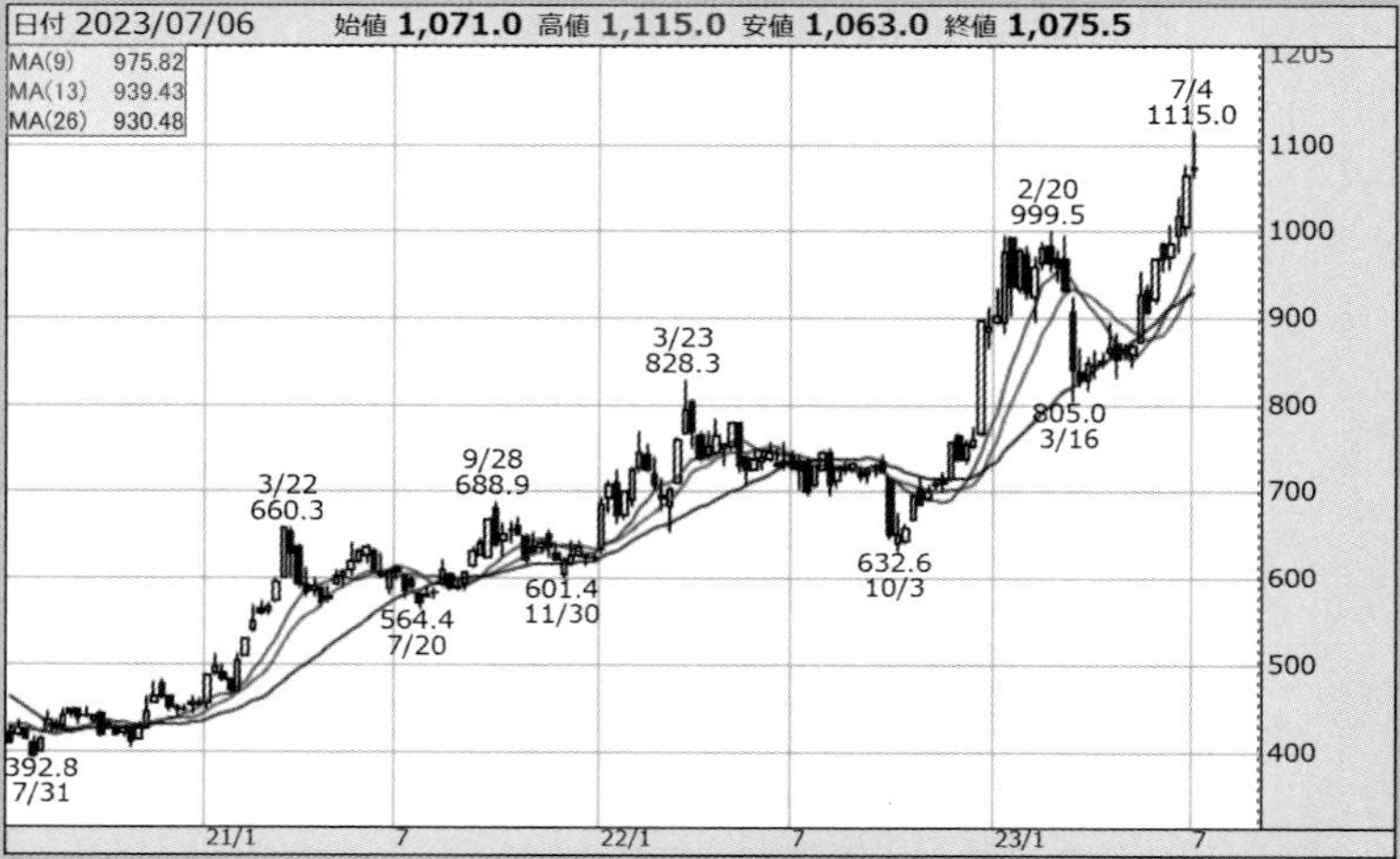

出典：株探（https://kabutan.jp/）

場合によっては総合商社のケースと同じように、財閥系メガバンクの株をバフェットがまとめ買いするという展開もあるかもしれません。

●対抗②：財閥系不動産

メガバンク以外の対抗馬としては、三菱地所（８８０２／図34）と三井不動産（８８０１）を挙げてみました。

三菱地所を選んだ理由は、東京の不動産がシンガポールやパリ、ニューヨークなど、世界の大都市のそれに比べて賃料も価格も格段に安いからです。三菱地所の場合、賃料収入が収益の柱になりますが、今後インフレに伴って賃料は上がっていくので、長期的に見て安定した収益を得られると考えられます。

図34　三菱地所の株価推移（月足）

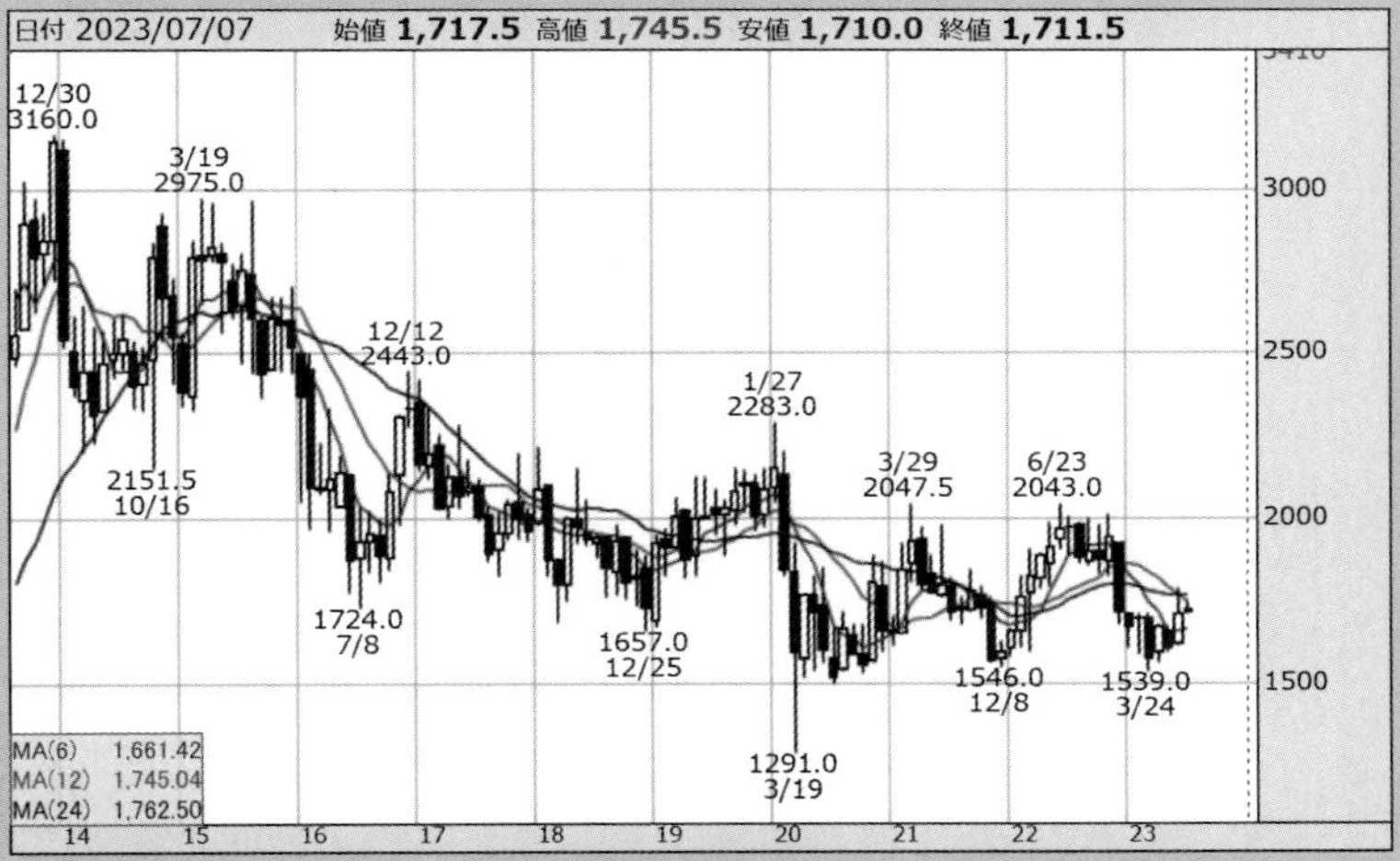

出典：株探（https://kabutan.jp/）

また、バフェットは２０２３年に来日したとき、東京のフォーシーズンズホテル丸の内東京に宿泊したそうです。ホテルのある大手町周辺の土地や建物は、ほとんどが「丸の内の大家」といわれている三菱地所のものです。

ただし、フォーシーズンズホテルは三井不動産系のホテルであり、ホテルのある一角は、三井不動産と三井物産が共同開発を進めている「Ｏｔｅｍａｃｈｉ Ｏｎｅ」と呼ばれています。三井不動産の本社もここに移転しました。総合商社の株を保有しているバフェットがこのホテルに宿泊したとき、関係者との間で、こういう話題が出されたことは想像に難くありません。

三菱地所と三井物産を次なる「バフェット銘柄」の候補に挙げた理由はこのような

点にあります。株価は長期的に下降トレンドにありますが、決算資料や経済誌の記事などを見ると含み資産も相当あるようなので、修正後の純資産価値＝株式価値は高まります。割安で放置されている典型的な銘柄ではないかと思います。

ただし、三菱地所も三井不動産も、今後世界に進出していくような業態ではないので、今回は本命ではなくて「対抗」とさせてもらいました。

●大穴：保険、携帯キャリア、鉄道、食品

最後に、可能性は低いかもしれませんが、「大穴」のバフェット銘柄候補をいくつか挙げてみます。セクターとしては、保険、携帯キャリア、鉄道、食品で、鉄道以外はバフェットがすでに保有している分野です。

保険に関しては、バークシャー社自体がそもそも保険会社ですから、可能性は高いと思います。有力なのは含み資産も大きいと思われるＭＳ＆ＡＤインシュアランスグループホールディングス（８７２５）、東京海上ホールディングス（８７６６）あたりです。

携帯キャリアではＮＴＴドコモということになりますが、上場廃止で今はＮＴＴ（日本電信電話／９４３２）に統合されています。ＮＴＴは２０２３年６月末に株式を分割して株価も買い頃になっていますので、バフェットが大量購入する可能性も少なくありません。ただ、決して「グローバル」な企業ではありませんので、「大穴」にとどめておきました。

図35　JR東日本の株価推移（月足）

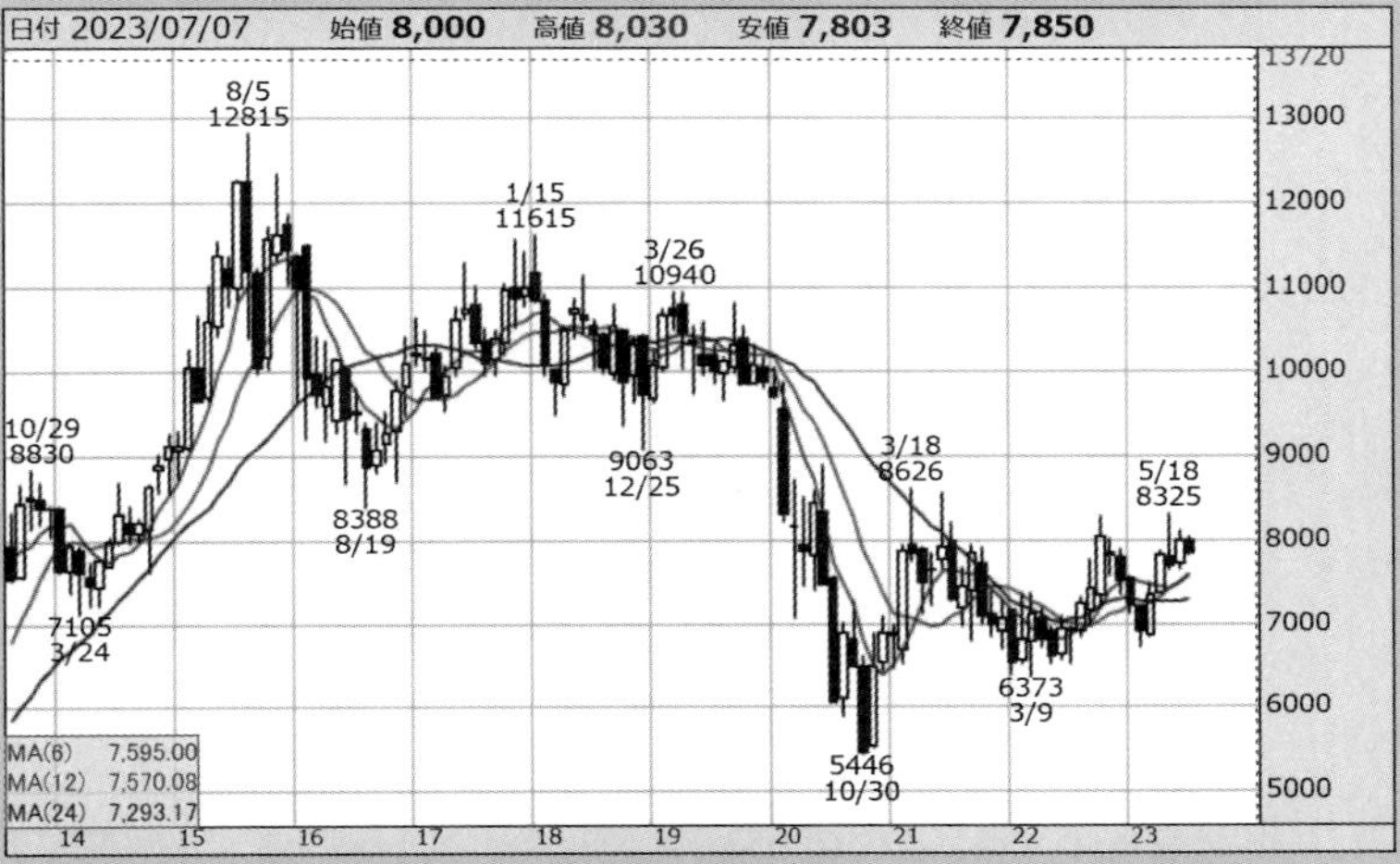

出典：株探（https://kabutan.jp/）

　次は鉄道会社です。都心や全国主要都市の一等地に土地・建物を持っていますので、含み資産を十分に持つ、わかりやすいバリュー銘柄です。コロナ禍が収束して、鉄道輸送やホテル事業などのインバウンド効果も期待できます。バフェット自身、かつては米国鉄道王手のＢＮＳＦ鉄道を買収したこともありました。

　また、バフェットは、日本の技術力にも注目していると思います。２０２３年の来日でも、福島県の切削工具製造会社・タンガロイを訪問しています。この会社は、バークシャー社が出資している世界的工具メーカー・ＩＭＣの子会社ですから、バークシャー社の孫会社ということになります。バフェットがタンガロイ社を訪問するのは、２０１１年の東日本大震災以来ということ

図36　楽天グループの株価推移（月足）

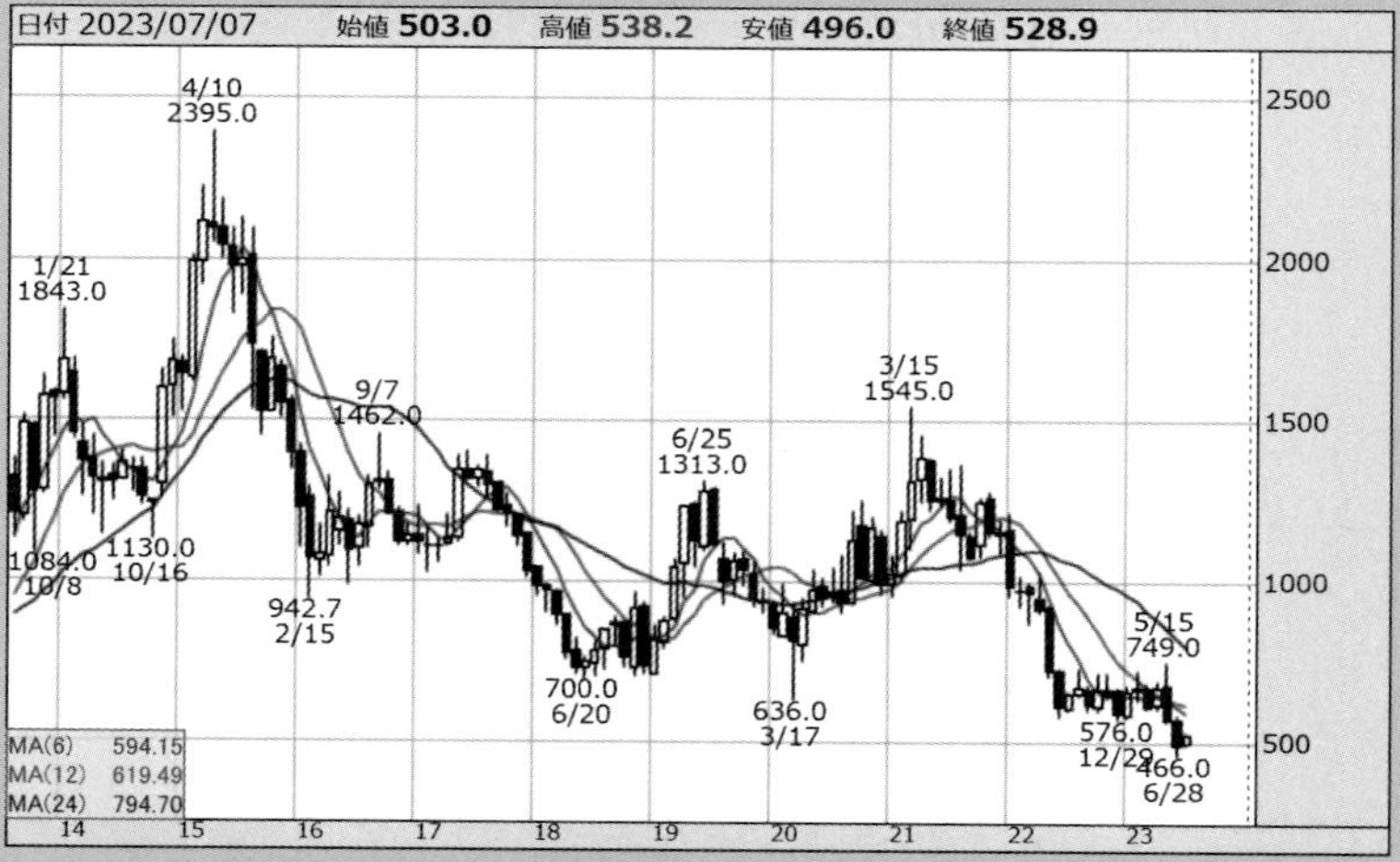

出典：株探（https://kabutan.jp/）

ですが、世界的に有名な投資家が、孫会社とはいえ福島の小さな機械メーカーを訪れるのは興味深いことで、それだけ日本の技術力に関心が高いということもいえそうです。

ただし、バフェットの哲学からすれば、自分で理解できないデバイスなどの技術にはあまり関心を示さないと思います。その意味で、海外から見てわかりやすい日本の技術力は、新幹線やリニアモーターカーです。バフェットが福島を訪問した際に新幹線を利用したかどうかはわかりませんが、鉄道会社を買う要因として、含み益やインバウンド効果に加え、新幹線などの技術力に注目してもおかしくはありません。したがってＪＲ東日本（９０２０／図35）やリニアモーターカーの実証実験を進めている

JR東海（9022）などに注目です。

大穴銘柄としてあと2つだけ挙げるとすれば、楽天グループ（4755／以下、楽天／図36）とモスフードサービス（8153）です。

バフェットが投資している携帯キャリア（TモバイルUSなど）、通販（アマゾン）、決済サービス（アメックス、ビザ、マスターカードなど）などのセクター・銘柄と同じ条件を満たしているのが楽天です。ただし、グローバルに事業を展開するタイプの企業ではないので、「大穴」にとどめておきました。楽天の場合、携帯キャリア事業では苦戦していますが、バフェットは、そうした会社を救済するような形で出資して、事業を育てていくという投資を過去にも行っていますので、可能性がそれほど薄いわけではありません。

最後の「大穴」はモスフードサービスですが、これはバフェットがマクドナルドのハンバーガーをこよなく愛しているから、というだけの発想です。バフェットがもしモスバーガーを食べたら、日本にもこんなおいしいハンバーガーを提供する企業があるのかと、驚くのではないかと思います。もっとも、モスフードサービスの業績はあまりよくないので、可能性は極めて薄いとは思いますが……。

以上挙げた銘柄は、あくまでも次の「バフェット銘柄」の候補として挙げたものですが、「本命」「対抗」銘柄などは、初心者の方でもそのまま参考にできると思います。

特に含み益を持つ不動産や鉄道、さらにここでは挙げていませんが、土地建物を持つ倉庫などの銘柄は、将来の株主価値を高めるという点で、押さえておいて損はないのではないでしょうか。

バフェットの「格言」から個人投資家が学べるもの

バフェットといえば、さまざまな投資の「格言」が有名ですが、私の好きな格言や、参考にしている格言、また、投資初心者の方でも考え方を踏襲できるような格言をいくつかご紹介します。

●「自分の理解できないビジネスには投資しない」

バフェットについて有名な話は、マイクロソフトの共同創業者であるビル・ゲイツと懇意の仲でありながら、バフェット自身はマイクロソフト社の株を買っていないということです。

それは「自分の理解できない事業には投資しない」、あるいは「他人が自分よりも有利だと思うようなゲームには参加したくない」というバフェット流の投資哲学があるからです。そのため、１９９０年代にＩＴブームが湧き起こったときには、ＩＴ企業に投資しないバフェットを「時代遅れの投資家」などと揶揄する向きもありました。しかし、その後のＩＴバブル崩壊でバフェットは損失の痛手を被ることなく、逆に相場全体が下がったところで好みの株を買い集めるというしたたかさも見せたのです。

バークシャー・ハサウェイのポートフォリオの中にも、いわゆるIT系の企業は、それほど入っていません。近年、コンピューターメーカーのHP（HPQ）に投資したことが大きな話題となりましたが、これはHPの技術というより、割安な点や豊富なキャッシュフローに注目して買ったという見方が大勢のようです。

また、アップルに関しても、その技術力に投資しているというよりは、永続的に株主に還元してくれる企業という観点から、投資をしているのだと思います。

要するにバフェットは、事業の内容がわかりやすく、10年、20年、50年先でもみんなが必要としているような製品やサービスを提供する会社を選んで投資しているということです。

私の投資手法は、冒頭で説明したようにIPOセカンダリー投資ですが、投資のスタイルこそ違え、やはりみんなが理解しやすく、自分も理解しやすいビジネスモデルを持った企業に投資しています。さらにいえば、それが世の中から必要とされているビジネスであることも、重要な銘柄選びのポイントです。

●「投資とは良い株を良い時期に買い、それが良い企業である限り持ち続けること」

私ももう株式投資を20年以上やっているので、「良い株」、つまり「これは来そうだ」という株は、だいたいわかります。

問題は、その株を「良い時期に買う」という点です。銘柄選択は重要ですが、より重要なのは、その株を「いつ買うか」ということなのです。いくら「良い株」であっても、高値掴みになってしまったら意味がありません。安いときに買ってその後株価が上昇し、利益を生み出してくれるのが本当の「良い株」なのです。

そして、それを「良い企業である限り持ち続ける」。これは私の場合でいえば、業績が伸び続けて成長している間は持ち続ける、ということです。IPOセカンダリー投資の場合、だいたい株価が3〜5倍くらいになったら利確（利益確定）しますが、その後も成長が期待できそうな企業は長期で保有します。いわゆる「バイ・アンド・ホールド」ですが、そういう意味でバフェットの格言は私の投資手法とも合っていますし、投資の運用成績を上げるうえでは重要な考え方だと思います。

●「10年持ち続ける覚悟で持つ」

この格言は、「喜んで10年間株を持ち続ける気持ちがないのなら、たった10分でも株を持とうなどと考えるべきですらないのです」という別の言葉で語られたこともあります。

前の格言の解説と被る点もありますが、1年後、2年後とか、あるいは数カ月単位で投資するのではなく、長期的な視点に立って投資しろということです。何年先でもその会社が存在し続ける、そして社会や多くの人に必要とされるような会社に投資することが大事だということを教えてくれています。

私の場合も、ＩＰＯセカンダリー投資で銘柄を買いますが、1年後、2年後ではなくて、10年後もその会社が存在するという銘柄に投資します。ただ、実際には途中でさまざまな不測の事態から成長が止まったり、業績が悪化したり、株価が下落することもありますので、結果的には株価が数倍になった数年で売らざるを得ないこともあります。

その意味では、スマホアプリがヒットして上場したような会社の株はあまり買いません。10年続くスマホアプリなど想像しにくいですし、「アプリ」自体が10年後にあるかわかりませんから。その意味で、バフェットは次のようにも言っています。

「10年、50年経っても『欲しい！』とみんなが思うものを作っているかどうかが、私の投資判断の基準だ」

●「辛抱強さや冷静さは、知能指数より重要かもしれない」

バフェットは投資に際し、「我慢」ということをよく強調しています。この格言のほか、「株式投資の報酬は我慢の対価」ということも言っています。

この「我慢」を投資のどのフェーズでするかというと、1つは「買うまで」です。良い銘柄を見つけたとしても、買うのを我慢することです。ずっと我慢して我慢して、ほかの投資家が注目しなくなった頃に買います。たとえば、リーマンショックのときのように株価が暴落して、ほかの投資家が売り払ったときなどが買い時です。また、売るときも我慢して、株価がちょっと上がったから売るのではなく、10年後、20年後を見据えて売るつもりで、成長し続ける間は握り続けることが大事です。それがより多くの収益を上げるポイントだと思います。

●「ポーカーをやり始めて20分たっても、まだ誰がカモかわからない人は、自分がカモなのだ」

株式相場の世界で誰が「カモ」なのかといえば、それは明らかに個人投資家です。つまり投資を始めるにあたっては、「自分がカモである」ことを自覚しないといけません。

私も含めてですが、大口機関投資家に比べたら、多少資産のある「億り人」でも、ほとんどカスみたいな存在です。だからまず、自分がカモられる側だということを認識しなければいけません。いい換えれば、機関投資家と同じ土俵で戦ってはいけないということです。それはK－1の大会で、ものすごく強い格闘家がたくさんいるリングの中で、まったく格闘したことのない素人が戦うようなものです。あるいは、プロ野球のチームと草野球のチームが戦うようなもので、実力の違いが歴然としているのに、同じルール、同じ土俵で戦ったら、絶対勝てるはずがないのです。

では、機関投資家と同じ土俵で戦わないようにするにはどうすればいいかといえば、まず1つは、「機関投資家が入らないような銘柄を買う」ことです。

機関投資家は、ある程度の出来高があり、時価総額も高い銘柄でないと、基本的に買うことができません。機関投資家が入らなければ、機関投資家のカラ売りで株価が突然乱高下するようなこともありませんし、割安に放置されている可能性もあります。この点は、バフェットの手法とは異なるかもしれませんが、その考え方は重要です。

また、機関投資家は、一定期間での成績を求められます。そのため、機関投資家が同じ銘柄を10年持ち続けるのはなかなか難しいわけです。毎年、あるいは数カ月の間に収益を求められるため、結果が出せなければファンドマネジャーが交代させられます。つまり、個人投資家が機関投資家に勝てる要素としては、時間軸を長く取り、長期の目線で投資するということです。数カ月のリターンではなく、数年先、数十年先を見越して、一時的に投資成績が悪くても持ち続ける。それができるのが、個人投資家の強みです。

まとめると、個人投資家が「カモ」にされないようにするためには、機関投資家が手を出さないような株を、長期に持ち続けて収益を上げていくことです。有利な土俵で戦うことが1つの重要な要素であり、その点でバフェットのこの格言は参考になるかと思います。

バフェットの投資手法は、そのまま初心者の方が真似できない部分も多々あります。しかし投資に関する基本的な考えは、私のようにIPOセカンダリー狙いでも、小型株を好んで買う人にも、共通して参考になると思います。読者のみなさんも、ぜひそうした観点からバフェットの投資手法を学び、活用してみてください。

Buffett's NEXT TARGET

長期目線で考えて有望なIR（統合型リゾート）関連を大穴で買う

▶ 有限亭玉介さん

TV・舞台制作会社、投資系会社を経て現在は株ブロガー、フィスコソーシャルレポーターとして20以上のメディアに株についての記事を配信中。株&猫ブログ「儲かる株情報『猫旦那のお株は天井知らず』」では、独自の視点で注目した銘柄を随時紹介。趣味は野球、落語、酒。猫旦那（飼い猫）の名前は「アル」。利益は家族（嫁&娘）の養分と、自らの新たな投資活動の為に流用中。ハンドルネームは大正から平成にかけて活躍した幇間芸人（太鼓持ち）悠玄亭玉介にちなむ。Twitter:@kabureport_cat

バフェットの手法を意識しなくても、結果的に「バフェット流」の投資になっている部分は多々ある。今は割安でも、市場の評価に業績が伴って株価が上がっていく次の「バフェット銘柄」を、長期目線かつ「可能性」も含めて占ってみた。

自分が知っていることから「他人が知っていること」へ

バフェットの投資手法の中で、私が一番参考にしているのは、「自分の知っている株を買って、長期で持つ」というところです。

私が最初に株を始めたのは学生のときでしたが、バフェットの名言や金言が書かれている本を読んで、実践してきたことがいくつかあります。その一番わかりやすい例が、自分が知っていることや、自分が得意な分野に投資するということです。

最初の成功例は、サイゼリヤ（7581／図37）でした。アベノミクスが始まったばかりの2013年くらいだったと思います。

当時のサイゼリヤといえば、30代、40代の人は滅多に行かない学生向けの、安いイタリアンレストランというイメージでした。私自身はそれほど美味しいとは思わなかったんですが、ただ、とにかく単価が安かったので、店には常に客がいっぱいで、昼間は家族連れ、夜はお父さんたちがお酒を飲みに来る。ワイン1杯を100円くらいで提供していましたからね。この繁盛ぶりを見て、「これって買いじゃね？」と思って調べてみたら、株価もそれほど高くない。そこでありったけの資金を投入してサイゼリヤの株を買ったら、その株価が急上昇し、儲かったお金で1年分の学費を払いました（笑）。

その後サイゼリヤの株価は変動を繰り返しながらも、2023年7月には過去最高値を更新しました。そう考えると、「バフェット流投資」って結構当たりますね。自分が良く知っているもので、かつ、5年後、10年後もその会社の商品を買ったり、サービスを利用したりしているだろうとイメージできる銘柄を安いうちに買って持っていれば、長期的には値上がりしていくんです。みなさん同じようなことを考えるからでしょうね。

さらに、「自分が知っているもの」から、「他人が知っているもの」にまで範囲を広げると、

図37　サイゼリヤの株価推移（月足）

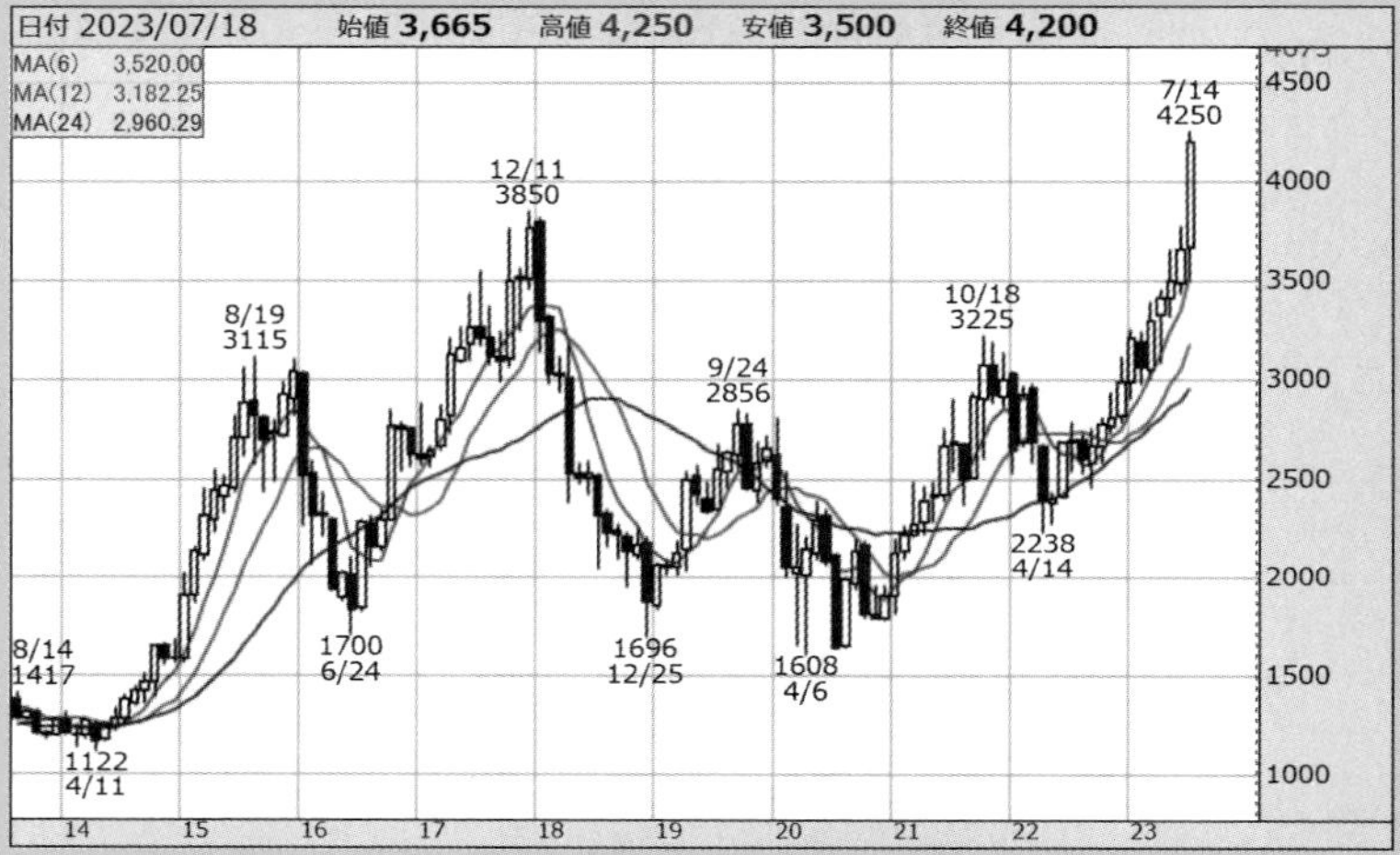

出典：株探（https://kabutan.jp/）

より「バフェット流」の精度が高まると思います。

私の場合、これまでにいろいろな仕事を経験してきました。投資系会社でサラリーマンもやっていましたし、ウェブライター、ＴＶや舞台制作、最近では「ＦＩＳＣＯソーシャルレポーター」として20以上のメディアに株記事を配信するため、取材や執筆もやっています。そして有限亭玉介というキャラクターで、ブログも書く。

これらの経験から、さまざまな分野の人たちと話し、情報を得る機会を得てきました。そこで、自分が知っているということだけでなく、「この分野に詳しい」という人たちから情報をもらい、そこで得た知識から株を買うと、結構な確率で「当たる」んです。

最近では、「子どもの情報」も意識しています。ゲームにしてもアイドルにしても、子どもが持っている情報は常に最新情報です。

バフェットも情報収集ということに関しては非常に時間を割いていて、暇さえあれば新聞や雑誌を読んでいるそうです。「自分が知っている」範囲はごく限られたものでも、「周りが知っている」情報に常にアンテナを張っておくことも重要です。

知っている会社を「買う」タイミングは？

銘柄選びに関しては、ここまで説明したように、初心者の方でも難しく考えず、ご自身の肌感覚で「知っている会社」を選ぶと、案外その会社の株価は上がっていく、ということは往々にしてあります。あとはその会社の株を買うタイミングです。

バフェットが２０２３年４月に、日本の５大商社の株を買い増すことを表明しましたが、実は私もこのタイミングでバフェットに便乗し、商社株を買い増しました。結果はみなさんご存じの通り、商社株はその後「爆上げ」しています（図38）。

ただ、実は商社株に関してはこのとき目を付けたのではなく、２０２０年８月にバフェットが５大商社の株を保有しているということを発表したときから目を付けていました。そして調べてみると、５大商社の当時の株価はすでにかなり割安水準であり、最初は「バフェットらしい選び方だな」という印象でした。ただ、そこからさらに類推してみると、コロナ禍の世情から需要増が予想される海運・物流・保険事業まで幅広く手掛ける総合商社を選んでいることから、バフェットと、バークシャー・ハサウェイという保険会社の意図を解するにあたり、「なるほど」と納得することができました。そこにバフェットの「買い増し」話が発表されて、市場が反応するタイミングで躊躇なく買ったということです。

もちろん、情報力に長けた機関投資家などに比べれば、決して早いタイミングでの「買い」ではなかったですが、「投資の神様」といわれるバフェットのような大物投資家が買いに入った銘柄に関しては、これでいいのです。焦る必要はありません。なぜなら、バフェットほどの投資家が買ったら、ほかの海外機関投資家もほぼ間違いなく「神様」に着いていくからです。

少しでも投資の経験がある人なら、バフェットのニュースが報道された時点で株価がドンと上がったら、もうその時点で高値掴みをするのが怖くて、手を出せないですよね。急騰したぶん、落ちるのも早いんじゃないかと。

もちろんそれが投資のセオリーなのですが、バフェットクラスの大物になると、そういうセオリーは、もはや関係ありません。一度急騰しても、もっともっと長期で上がっていきます。

さらにいえば、本書が発売される8月にこの私の記事を見て買ってからでも、商社株は上がっていくと思います。ただし、さすがに時間が経っていますので、気を付けなければいけないのは、今度はバフェットが「いつ売るか」ということです。

バフェットが5大商社株を売った場合、あるいはそういう報道が流れたときには、上昇した

図38　三菱商事の株価の動き（日足）

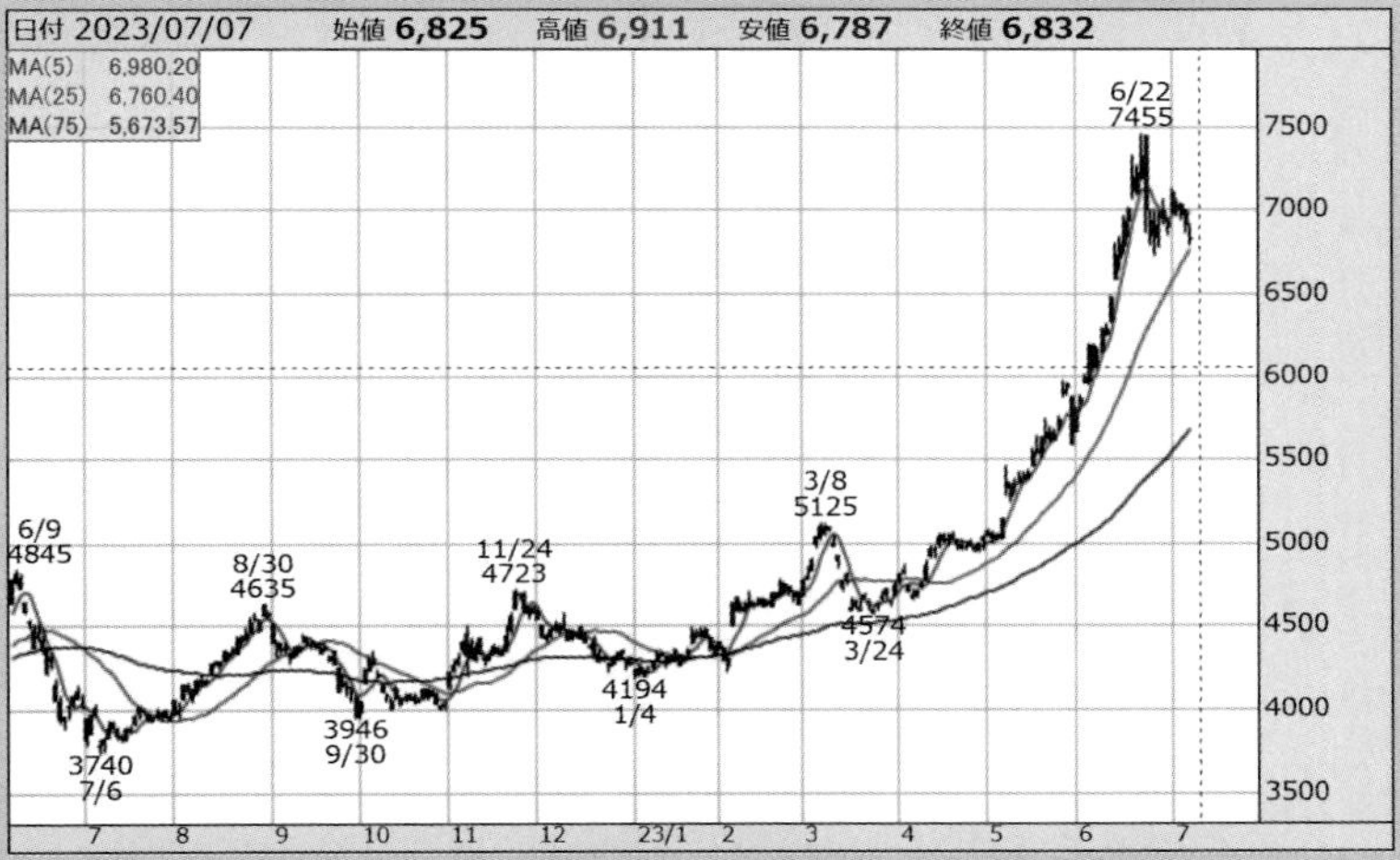

出典：株探（https://kabutan.jp/）

ときと逆の現象が起きて、海外機関投資家も一斉に売りに出る可能性があります。そこでもたもたしていつまでも手放さずにいると、手痛い損失を被ることにもなりかねません。

最近では中国と台湾の地政学的リスクを懸念したバフェットが、世界最大級の台湾の半導体メーカー、ＴＳＭＣの株をあっさり売り払ってしまった経緯もあります。長期保有で有名なバフェットでも、やっぱり「売るときは売る」、しかも一気にドカンと売ることがあるということは、よく認識しておいたほうがいいと思います。

長期的目線でカジノ関連に注目

次は５大商社の次にバフェットが狙う日本株はどこかという本題に入ります。

バフェットが割安の株を買うことで有名ですが、割安の指標として、基本的なPER（株価収益率）、PBR（株価純資産倍率）はやはり押さえておいたほうがいいと思います。

PBRが1倍を割ると、1株あたりの純資産が株価より低いということになりますので、解散して資産を株主に分配すれば、株価より多くの資産を得ることができます。つまり、「事業を辞めて解散したほうがよい」と市場から見られてしまう異常な状態でもあるのですが、今プライム市場の約5割がPBR1倍割れです。

この異常事態に東京証券取引所は、2023年春、PBRが低迷する上場企業に対して、改善策を開示・実行するよう要請しました。この是正勧告で、PBR1倍割れの銘柄の収益性が改善するという思惑から「買い」が始まり、日本株は大きく上昇しました。円安もあり、バフェットの発言をきっかけに、海外投資家もようやく日本株が割安だと気づいたのでしょう。

実際に、バフェットの5大商社株買い増しというニュースが流れて、ほかの海外機関投資家の買いも入ったため、2023年7月くらいまで、日本の株価が全体的に上昇しました。

今後はそうした割安株の中で、将来有望な銘柄の物色が行われると考えられます。PBR1倍以下の銘柄が多いセクターでいうと、銀行株などもそうですが、EV（電気自動車）を絡めた自動車部材関連、パワー半導体関連などは有望です。

さらに、これから動き出しそうなのが、カジノとインバウンドです。カジノ関連株の初動は、カジノを含む統合型リゾート（IR）の構想が打ち出された2014年頃ですが、その後、

図39　セガサミーの株価推移（月足）

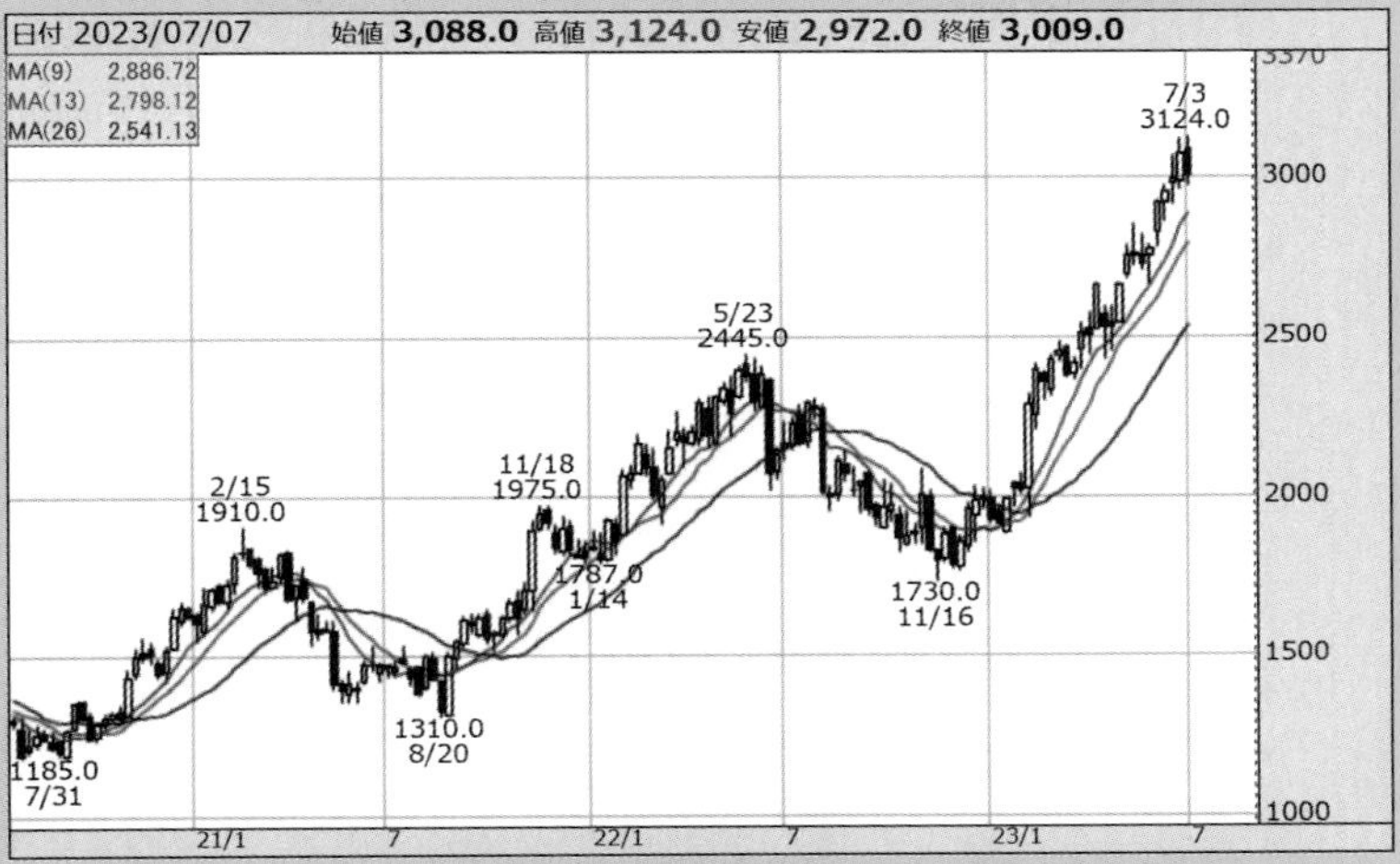

出典：株探（https://kabutan.jp/）

治安悪化や青少年への影響という意見なども出され、あまりパッとしないまま月日が流れました。

しかし２０２３年に入って大きな動きがありました。４月14日、大阪府と大阪市が開業を目指すＩＲについて、斉藤鉄夫国交大臣が国内で初めて、ＩＲ整備計画を正式に認定したのです。

バフェット的な長期的目線で考えると、カジノ関連は今後、確実に伸びていくと考えていいと思われます。そこで、まずはカジノ関連銘柄の中で代表的なものとして、コンテンツやリゾート開発に強みを持つセガサミーホールディングス（６４６０／以下、セガサミー）を挙げておきます（図39）。

また、もし「割安」ということを度外視して考えるなら、面白みがあるのは円谷フ

図40　円谷フィールズHDの株価推移（週足）

出典：株探（https://kabutan.jp/）

ィールズホールディングス（２７６７）です（図40）。遊技機販売大手で、企画開発や版権ビジネスを展開し、さらに円谷プロの買収で映像コンテンツも入手しました。この銘柄に関しては、スマートパチスロ（スマスロ）関連銘柄としてウォッチしてきましたが、２０２３年7月には年初来高値を更新。ウルトラマン関連が好調に推移しており、中国などで人気が爆発すれば、業績に大きく寄与する可能性もあります。まあ、バフェットが、どこまでウルトラマンをご存じか、ということにもよりますが……。

バフェットも注目するAIとパワー半導体

次にパワー半導体関連です。バフェットは自身が率いるバークシャー・ハサウェイ

図41　豊田合成の株価推移（週足）

出典：株探（https://kabutan.jp/）

の２０２３年の株主総会でも、ＡＩの将来について言及しています。将来有望でありながらまだ発展途上のＡＩや、ＥＶ関連の自動車部材関連など、多くの分野で必要とされるのがパワー半導体です。

そこで私が注目しているのが、豊田合成（７２８２）です（図41）。社名のとおり、トヨタ系列の会社で、ゴム・合成樹脂部品、エアバッグ、ＬＥＤ、水素タンク、そしてパワー半導体を手掛けています。ＰＥＲ14倍、ＰＢＲ０・78倍と割安な点もバフェット好みと思います。ただ、ブランド力を重視するバフェットからすれば、その前に大株主のトヨタ自動車（７２０３）を狙うかもしれませんけどね。

もう１つ、パワー半導体関連で「大穴」を挙げるとしたら、サムコ（６３８７）で

図42　サムコの株価推移（週足）

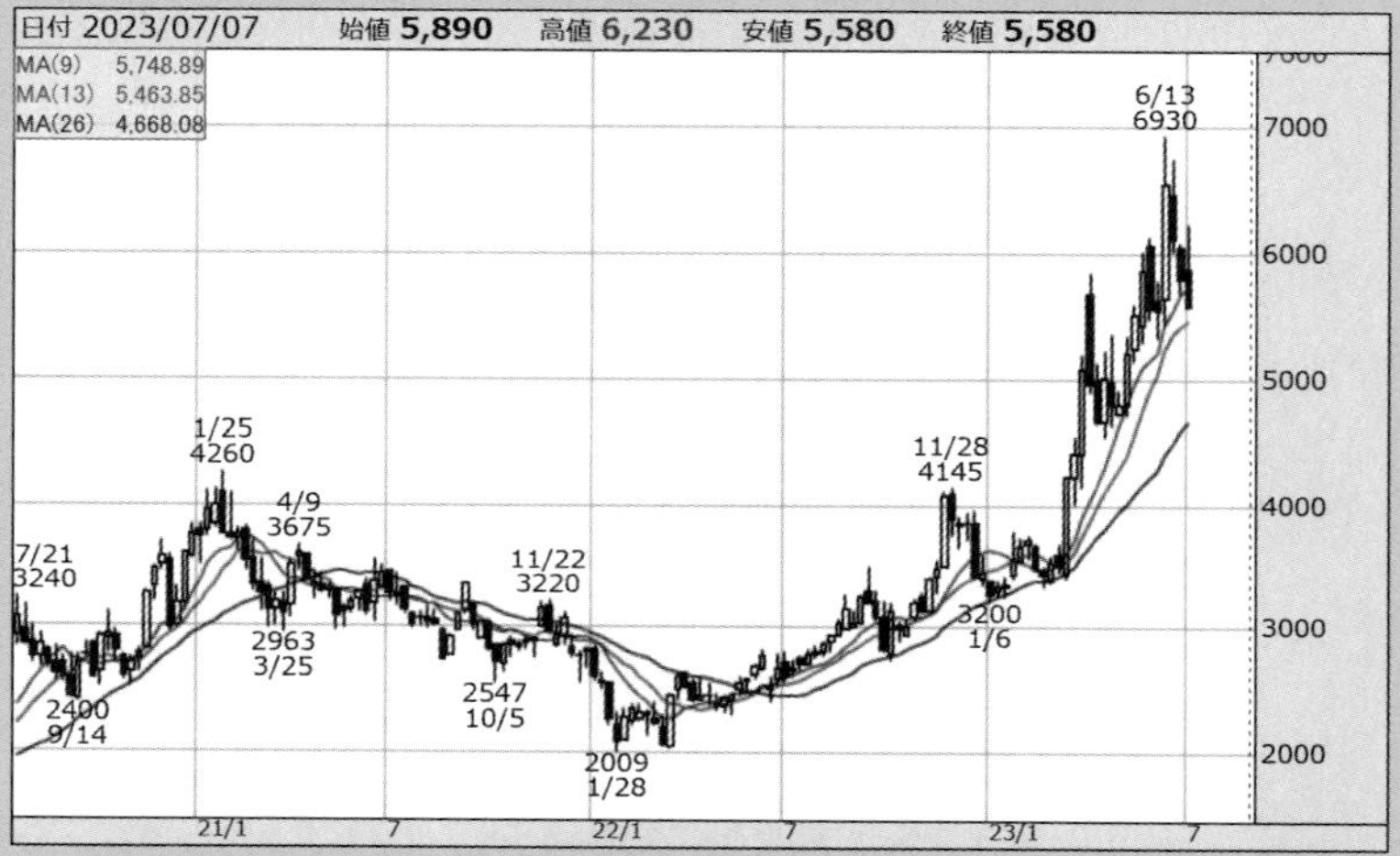

出典：株探（https://kabutan.jp/）

す（図42）。電子部品製造装置を研究開発し、膜加工の化合物半導体のほか新分野を手掛けるサムコは、決してバフェットの好む割安株ではないかもしれませんが、パワー半導体分野での注目銘柄です。データセンターや車載向けの需要が拡大していく２０２４年以降も注目に値すると見ています。

不動産テック関連のテンバガー候補も

このほか、成長セクターとして矢野経済研究所が、２０２５年には１兆２４６１億円の市場規模に達すると市場拡大を予想している不動産テック関連にも注目しています。

中古リノベーション住宅サイト「カウカモ」を運営するツクルバ（２９７８）は、

ソニー銀行と提携して「ツクルバ提携住宅ローン」を開始、さらに昨年12月にも三菱ＵＦＪ銀行の住宅ローン取り扱いも開始しています。まだ若い会社で赤字経営ですが、６月の決算では赤字縮小、今後に期待が持てます。

ファーストロジック（６０３７）は投資用不動産のポータルサイト「楽待」を運営、掲載物件数は業界で最多です。不動産投資を考えている方にとってはおなじみではないでしょうか。６月の決算では、「８−４月期（３Ｑ累計）経常は９％増益で着地、今期配当を１円増額修正」しました。

いろいろと話題が多いのがマーキュリーリアルテックイノベーター（５０２５）です。ＳａａＳ型不動産情報プラットフォームの運営などを手掛けています。ここまでの業績は振るいませんが、復調の兆しも見られます。『不動産業界のエムスリー（テンバガーとして有名な銘柄）』としてその成長性について報じられ「株価１００倍もあり得る?」ともいわれています。

誰もがやっていることは、遅いだけではなく「危険」

バフェットの投資行動は、その「格言」からも類推することができます。ここでは、私の好きな格言を２つご紹介させていただきます。

●「Everybody else is doing it（ほかの誰もがやっている）」

ビジネスの世界では、この5つの単語で構成される言葉が最も危険なことだといわれます。バフェットらしい言葉ですし、私も常に肝に銘じています。

この言葉の意味は、要するに「みんなと同じことをやるな」ということで、さらにいえば「自分一人で考えて決めろ」ということです。ただし実際は、自分で考えることは1割です。残りの9割は市場に聞けばいい。あるテーマがトレンド化しているのかどうかということを決めるのは市場で、それを10分で手放すか、10年持つか、という決定だけを自分で行えばいいんです。9割の情報はツイッターやSNSにたくさん転がっていますから、情報収集はそれほど難しくない。残りの1割は自分の信念のようなものです。

ただし、その9割の情報を丸のまま鵜呑みにしてはいけません。ツイッターで情報を発信する人の中には、すでに株価が動いているのに、ツイッターで踊らせてさらに買いを入れさせ、自分だけ高値で売り抜くような人もいます。

少なくとも、バフェットに関してはそういうことはありませんから、たとえば今回の5大商社のように、バフェットが動いた後で買っても旨味はあるでしょう。あとはその銘柄が自分の知っている銘柄かどうか、業績は好調か、財務状況やチャートはどうか、すでに人気化しているのか、それとも凪状態で動かないのか――というところを判断できる人が、最終的に勝つのだと思います。そして買うと決めたら、やはりバフェットのように、長期的に保有するということです。もちろん、投資資金が限られていて、資金効率の良い銘柄を売買していかなければならない場合は別ですが、一度決意して買った銘柄に関しては、簡単に損切もしないほうがいいと思います。もちろん、初心者の方であれば信用買いなどはもってのほかです。

バフェットの別の格言に「自分の能力の範囲で投資しなさい。その範囲が大きいかどうかは問題ではない。どれだけ『はっきりと線が引けるか』が重要だ」というものがありますが、この「線引き」が重要なのです。

●「自分の理解できる事業に投資しなさい」

これは冒頭からお話ししているバフェットの有名な格言です。やはり自分で理解できるもの、実際に自分で体験して素晴らしいと思えるサービスや商品に投資するということです。

その意味で私が今注目しているのが「Ｌステップ」というサービスです。これはＬＩＮＥ公式アカウントの機能を拡張したＢｔｏＣ（個人消費者）向けのマーケティングオートメーションツールです。日本の通信の85％をカバーできるＬＩＮＥにホームページみたいなものを作れてしまうというものです。小売店や飲食店、不動産、あるいは歯医者でもなんでも構いません。たとえば不動産であれば、利用者が「ここの物件を見たい」という場合に、ワンタッチで予約を入れてくれます。歯医者の予約なども同様です。企業側は、このサービスを使うことで、流入経路分析やクロス分析など、登録した利用者の属性や行動を分析することできるわけです。まだこのサービスを提供している会社は上場していませんが、もし上場したらすごい株価を付けると思います。

また、「自分が知っている事業」については、その銘柄を「買わない」あるいは「売る」という的確な判断ができます。たとえば映画や演劇が好きな人が、好きな作品を見に行ったとき、劇場がガラガラだったら、その興行が成功していないということがすぐにわかります。株式投資は「美人投票」といわれるように、自分の好みではなく、その他大勢の投資家の好みや意思で株価が形成されます。その意味では、ある事業に詳しい人は、その事業が「流行るか廃れるか」という判断もできるわけです。

株式投資というと、どうしても「難しいもの」というイメージが先行しがちですが、バフェットの手法のうち最も基本的な「自分の理解できる事業に投資する」あるいは「投資しない」という判断は、誰にでもできることだと思います。そういった考えを持てば、初心者の方でも比較的簡単に株式投資を楽しんでいけるのではないでしょうか。

第3章

バフェットをより深く知るために

「株探」を活用した「バフェット銘柄」の探し方

バフェットとバークシャー・ハサウェイ社が保有する銘柄を探す方法はいろいろありますが、ここでは株式投資サイト「株探」を活用して「バフェット銘柄」を探す方法を紹介します。

株探「米国株版」から「バフェット銘柄」を探す

まず、バフェット率いるバークシャー社の保有銘柄の情報は、主に「株探（https://kabutan.jp/）」の「米国株版」に掲載されていますので、「米国株版」のページに移動します。

「米国株版」のトップページで、「グローバルナビ」といわれるコンテンツ選択肢の中から「人気テーマ」を選択します（図43）。

人気テーマにはその時々で市場から注目されているテーマが表示されますが、総合商社株の買い増しニュースで注目されているバフェット関連のテーマは1位にランクされています

図43 「株探」で「バフェット銘柄」を探す❶

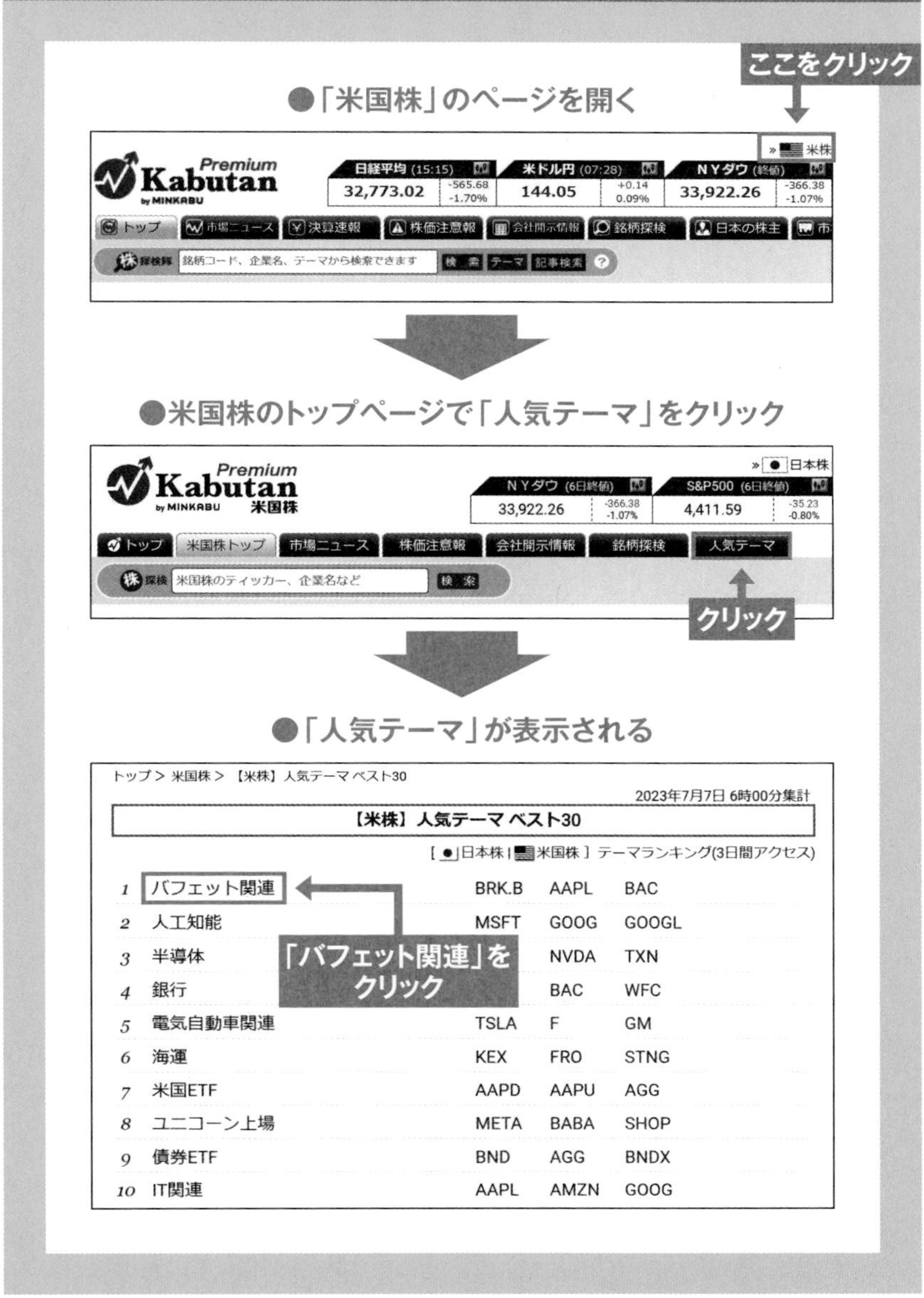
ここをクリック
●「米国株」のページを開く
» 米株
Premium Kabutan by MINKABU
日経平均 (15:15) 32,773.02 -565.68 -1.70%
米ドル円 (07:28) 144.05 +0.14 0.09%
NYダウ (終値) 33,922.26 -366.38 -1.07%
トップ 市場ニュース 決算速報 株価注意報 会社開示情報 銘柄探検 日本の株主
銘柄コード、企業名、テーマから検索できます 検索 テーマ 記事検索
●米国株のトップページで「人気テーマ」をクリック
» 日本株
Premium Kabutan by MINKABU 米国株
NYダウ (6日終値) 33,922.26 -366.38 -1.07%
S&P500 (6日終値) 4,411.59 -35.23 -0.80%
トップ 米国株トップ 市場ニュース 株価注意報 会社開示情報 銘柄探検 人気テーマ
米国株のティッカー、企業名など 検索
クリック
●「人気テーマ」が表示される
トップ > 米国株 > 【米株】人気テーマ ベスト30
2023年7月7日 6時00分集計
【米株】人気テーマ ベスト30
[日本株 | 米国株] テーマランキング(3日間アクセス)
1 バフェット関連 BRK.B AAPL BAC
2 人工知能 MSFT GOOG GOOGL
3 半導体 NVDA TXN
4 銀行 BAC WFC
5 電気自動車関連 TSLA F GM
6 海運 KEX FRO STNG
7 米国ETF AAPD AAPU AGG
8 ユニコーン上場 META BABA SHOP
9 債券ETF BND AGG BNDX
10 IT関連 AAPL AMZN GOOG
「バフェット関連」をクリック

（2023年7月7日現在）。この「バフェット関連」を選択します。

167ページ図44のように、「バフェット関連が株式テーマの銘柄一覧」が表示されます。アップル（AAPL）はじめ、アマゾン・ドット・コム（AMZN）、アメリカン・エキスプレス（AXP）など、おなじみの銘柄が並んでいます。

銘柄はティッカー（日本の証券コードのように、個々の銘柄を識別するために付けられた記号）のアルファベットの降順に並べられており、ここではアップル（AAPL）が一番上に表示されていますが、昇順に変えることもできます。また、株価や出来高の高い（低い）順にソートすることもできます。

社名は日本語、英語のどちらの表示にも切り替えられます。また、表右側のPER、配当利回りは、有料のプレミアム会員がログインしている状態のときのみ、表示されます。

個別銘柄の情報の詳細（企業の基本情報や関連ニュース、株価チャート、業績など）は、青字になっているティッカーをクリックすると、該当ページに飛べます。

株探「日本株版」から関連ニュースを調べる

バークシャー社は米国株のカテゴリーに入るので、同社の保有銘柄を株探「日本株版」で見ることはできませんが、2023年4月のようにバフェットが総合商社の株を買い増すことを表明したときなどに、その関連ニュースが出ていれば、「日本株版」からも調べることができ

図44 「株探」で「バフェット銘柄」を探す❷

●「バフェット関連銘柄」が表示される

バフェット関連が株式テーマの銘柄一覧

ウォーレン・バフェットは「オマハの賢人」とも呼ばれ、世界で最も成功した投資家として知られている。同氏がCEOを務める米投資持ち株会社、バークシャー・ハサウェイは米国で時価総額上位に顔を出す有力企業となっている。バークシャー社の保有する銘柄は、「バフェット関連株」と呼ばれ、その持ち株の動向は市場の高い関心を集めている。有名なバフェット関連銘柄にはコカ・コーラやアメリカン・エキスプレス、アップルなどがある。

市場別：全市場 | NYSE | NASDAQ

種類別：全銘柄 | 普通株 | ETF | ADR | REIT

2023年07月07日 07:51現在 45銘柄 株価 15分ディレイ → リアルタイムに変更

ティッカー	銘柄名	株価	前日比		出来高	PER	利回り
AAPL	アップル	191.81	+0.48	+0.25%	45,108,613	31.4	0.47
ALLY	アライ・ファイナンシャル	26.29	-0.60	-2.23%	3,178,251	5.23	4.56
AMZN	アマゾン・ドット・コム	128.36	-2.02	-1.55%	40,656,077	—	—
AON	エーオン	337.13	-1.33	-0.39%	672,200	27.8	0.65
ATVI	アクティビジョン・ブリザード	82.70	-0.17	-0.21%	4,076,149	43.1	0.57
AXP	アメリカン・エキスプレス	170.94	-4.63	-2.64%	3,157,388	17.4	1.22
BAC	バンク・オブ・アメリカ	28.28	-0.80	-2.75%	52,116,391	8.87	3.04
BRK.B	バークシャー・ハサウェイB	341.46	-0.10	-0.03%	2,548,541	—	—
C	シティグループ	45.38	-1.42	-3.03%	17,432,524	6.48	—
CE	セラニーズ	112.16	-2.38	-2.08%	1,966,939	6.47	—
CHTR	チャーター・コミュニケーションズ	371.77	+4.12	+1.12%	878,124	12.1	—
COF	キャピタル・ワン・ファイナンシャル	107.26	-1.86	-1.70%	2,072,265	5.99	—
CVX	シェブロン	152.88	-3.43	-2.19%	9,205,479	8.36	3.72
DEO	ディアジオADR	170.83	-2.07	-1.20%	317,580	95.7	0.57
DVA	ダヴィータ	101.94	+0.58	+0.57%	892,306	17.4	—
FND	フロア&デコア	100.43	-3.13	-3.02%	1,189,190	36.1	—
FWONA	リバティ・メディア-フォーミュラ・ワン・グループA	67.43	-2.18	-3.13%	153,427	—	—
GL	グローブ・ライフ	110.95	+1.31	+1.19%	662,114	14.9	0.75
GM	ゼネラル・モーターズ	39.46	+0.04	+0.10%	13,109,245	6.44	0.46

PER、配当利回りなどが表示されるのは、有料の「プレミアム会員」のみ

ます。

調べる方法は、まず検索スペースに「バフェット」と入力して、「記事検索」をクリックします（図45）。すると、バフェット関連のニュース一覧のページが開きます。

２０２３年6月22日11時26分には、「三菱商、丸紅など11連騰で最高値街道、バフェット効果と穀物市況高騰も刺激材料に」という見出しの、ＭＩＮＫＡＢＵ　ＰＲＥＳＳ出所の記事が掲載されています。

記事の書き出しは、「三菱商事（８０５８）、三井物産（８０３１）、丸紅（８００２）など総合商社株への買いが止まらない状況となっている。揃って上場来高値圏をまい進している…　…」となっています。

また、ニュースの後半には、「著名投資家のウォーレン・バフェット率いる米投資会社バークシャー・ハサウェイが、引き続き日本の総合商社への積極投資を行う構えにあることが買いの根拠となっている」という根拠も示されています。

このニュースから、たとえば三菱商事のさらに詳しい情報を調べたい場合は、青字になっている「８０５８」の数字（証券コード）部分をクリックすると、そこから三菱商事の銘柄ページに飛ぶことができます（図46）。

銘柄ページのトップでは、株価のほか株価指標（ＰＥＲ、ＰＢＲ、配当利回りなど）を見ることができます。ＰＥＲ10倍前後、ＰＢＲ1倍前後、配当利回りも3％前後で、日本の大手企

図45 「株探」で「バフェット関連ニュース」を探す

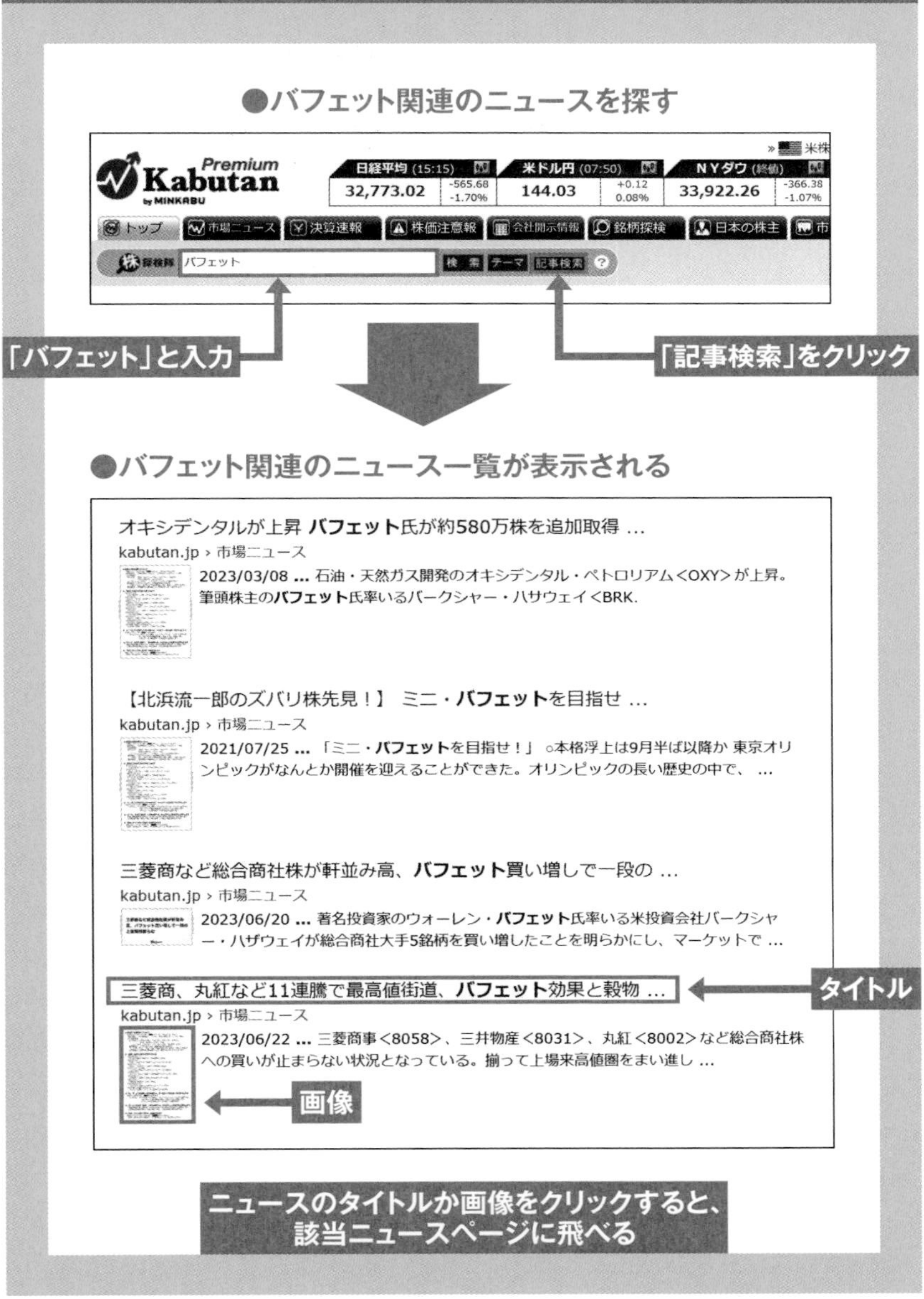
●バフェット関連のニュースを探す
Premium Kabutan by MINKABU
日経平均 (15:15)
32,773.02
-565.68
-1.70%
米ドル円 (07:50)
144.03
+0.12
0.08%
NYダウ (終値)
33,922.26
-366.38
-1.07%
トップ
市場ニュース
決算速報
株価注意報
会社開示情報
銘柄探検
日本の株主
バフェット
検索
テーマ
記事検索
「バフェット」と入力
「記事検索」をクリック
●バフェット関連のニュース一覧が表示される
オキシデンタルが上昇 バフェット氏が約580万株を追加取得 ...
kabutan.jp › 市場ニュース
2023/03/08 ... 石油・天然ガス開発のオキシデンタル・ペトロリアム<OXY>が上昇。筆頭株主のバフェット氏率いるバークシャー・ハサウェイ<BRK.
【北浜流一郎のズバリ株先見！】 ミニ・バフェットを目指せ ...
kabutan.jp › 市場ニュース
2021/07/25 ... 「ミニ・バフェットを目指せ！」 ○本格浮上は9月半ば以降か 東京オリンピックがなんとか開催を迎えることができた。オリンピックの長い歴史の中で、 ...
三菱商など総合商社株が軒並み高、バフェット買い増しで一段の ...
kabutan.jp › 市場ニュース
2023/06/20 ... 著名投資家のウォーレン・バフェット氏率いる米投資会社バークシャー・ハザウェイが総合商社大手5銘柄を買い増したことを明らかにし、マーケットで ...
三菱商、丸紅など11連騰で最高値街道、バフェット効果と穀物 ...
タイトル
kabutan.jp › 市場ニュース
2023/06/22 ... 三菱商事<8058>、三井物産<8031>、丸紅<8002>など総合商社株への買いが止まらない状況となっている。揃って上場来高値圏をまい進し ...
画像
ニュースのタイトルか画像をクリックすると、該当ニュースページに飛べる

業の中では株価も割安、配当もそれなりにいいという商社の実態がわかり、バフェットが買い増しを決めた理由も伺えます。

チャートはこのニュースの配信時では右肩上がりですが、より詳細なチャートを見ることもできます。21ページでも紹介したように、バフェットが「買い増し」を表明した直後に、総合商社の株価が急騰していることがわかります。

このほか、総合商社の過去の業績や大株主の情報なども、このサイトの中で入手して銘柄情報の深掘りをすることができます（大株主に関しては、２０２３年7月現在、バークシャー社の保有比率はほかの大株主に比してまだ小さいため、大株主一覧にその名前は出ていません）。

このように、バフェット関連銘柄や、その関連ニュースを調べるうえで、「株探」は非常に便利なツールです。

もちろん、バフェット関連のニュースを調べるだけなら、グーグルやヤフーなど一般的な検索エンジンでも事足りますが、そこからさらに銘柄情報の深掘りをしていく際に、個別銘柄の情報がワン・ストップで集められる「株探」を活用すれば、実際にその銘柄を売買する際にも役立ちます。

たとえばバークシャー社に限らず、大口の機関投資家が買いを入れた銘柄だからといって、そのまま追随するのではなく、過去の業績や株価の推移などを見極めて、最終的に売買の判断をする際の参考にするといいでしょう。

図46 「バフェット銘柄」をより深く調べる

●バフェット関連銘柄を調べる（三菱商事の例）

株価指標

貸借 225

株価

8058 三菱商事 東証P 15:00 業績 —

7,110円 前日比 +51 (+0.72%) 卸売業

PTS 7,101円 23:34 07/24 単位 100株

PER	PBR	利回り	信用倍率
10.9倍	1.24倍	2.81%	4.31倍

時価総額 10兆2,206億円

比較される銘柄 三井物、伊藤忠、住友商

基本情報 チャート 時系列 ニュース 決算 大株主　決算発表予定日 2023/08/03

前日終値 7,110 (07/24)

07月24日		
始値	7,100	(09:00)
高値	7,132	(12:30)
安値	7,068	(09:09)
終値	7,110	(15:00)

出来高	6,033,700 株
売買代金	42,847 百万円
VWAP	7,101.225 円
約定回数	11,730 回
直近1年平均	8,777 回
直近1年最高	68,075 回 (2023/06/23)
売買最低代金	711,000 円
単元株数	100 株
時価総額	10兆2,206億円
発行済株式数	1,437,493,951 株

PTS 閉

始値 7,105 (16:49 07/24)

株価トレンド 平均線方向

	目先	短期	中期	長期
	5日線	25日線	75日線	200日線
カイリ率	+1.20%	+1.86%	+19.06%	+41.69%

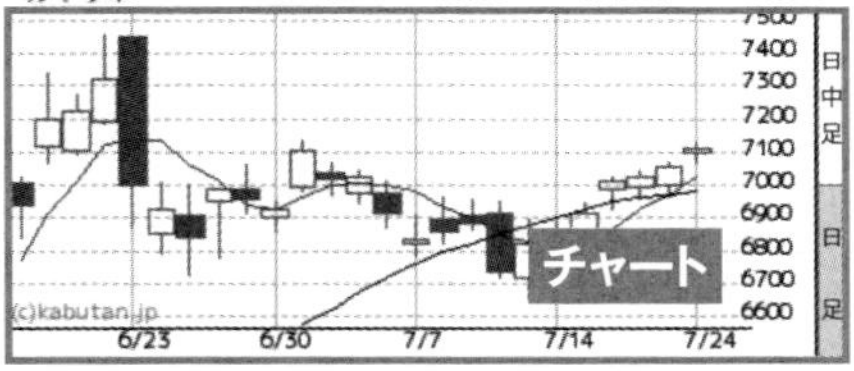

チャート

業績推移　単位 億円、1株益・配は円

	決算期	売上高	経常益	最終益	1株益	1株配	発表日
I	2022.03	172,648	12,931	9,375	635.1	150	22/05/10
I	2023.03	215,719	16,806	11,806	809.3	180	23/05/09
I	予 2024.03	—	—	9,200	653.4	200	23/05/09
	前期比(%)	—	—	−22.1	−19.3	直近の決算短信	

業績推移

●詳しいチャートや業績推移も見られる

今期の業績予想

通期　業績推移　修正履歴　成長性　収益性　1Q 2Q 3Q 4Q

	決算期	売上高	営業益	経常益	最終益	修正1株益	1株配	発表日
	△1999年3月期～2019年3月期を表示							
I	2020.03	14,779,734	—	648,864	535,353	348.5		
I	2021.03	12,884,521	—	253,527	172,550	116.9		
I	2022.03	17,264,828	—	1,293,116	937,529	635.1		
I	2023.03	21,571,973	—	1,680,631	1,180,694	809.3		
I	予 2024.03	—	—	—	920,000	653.4		
	前期比	—	—	—	−22.1	−19.3		
	▽1999年3月期～2019年3月期を表示							

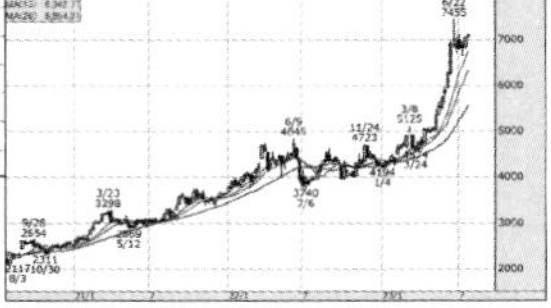

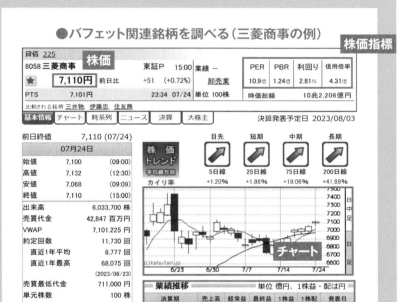

バフェットの投資手法をより詳しく知るための書籍

バフェットの投資手法についてより詳しく知りたい方のために、参考図書を紹介。「投資の神様」の哲学や考え方を学び、ワンランク上の株式投資に挑戦してみましょう。

『バフェットからの手紙』【第8版】

日米で超ロングセラー、ウォーレン・バフェットとチャーリー・マンガー、そしてバークシャー・ハサウェイ社の哲学の集大成ともいうべき『バフェットからの手紙』の第8版。なお、前著は2021年1月発売の「第5版」だが、「第1版」の前に2つの版が発行されていることから「第8版」になった。

ローレンス・A・カニンガム著
パンローリング

文庫・『スノーボール　ウォーレン・バフェット伝』（改訂新版）

〈上・中・下　合本版／Ｋｉｎｄｌｅ版／電子書籍〉

アリス・シュローダー著
日経BP

５年間の密着取材から生まれたバフェット唯一の公認伝記。大投資家ウォーレン・バフェットが人生とビジネス、投資戦術はもちろん、今まで明かされなかったプライベートのエピソードも披露。上・中・下巻が発売されているが、電子書籍のＫｉｎｄｌｅ版では、文庫の「上・中・下　合本版」を購入・閲覧できる。

『史上最強の投資家　バフェットの教訓　逆風の時でもお金を増やす１２５の知恵』

メアリー・バフェット、
デビッド・クラーク著
峯村利哉訳
徳間書店

本書の著者２人は、バフェットがウォール街以外で知られていない頃からバフェットを師と仰ぎ、バフェットから投資の極意を学び、その叡智をノート書き留めたもの。投資に関する話だけでなく、ビジネス、経営、キャリア選択、そして人生に役立ちそうなバフェットの言葉を厳選し、まとめあげている。

『史上最強の投資家 バフェットの財務諸表を読む力 大不況でも投資で勝ち抜く58のルール』

メアリー・バフェット、
デビッド・クラーク著
峯村利哉訳
徳間書店

バフェットの投資手法の1つが、好不況の波を乗り越えて生き抜く長期的競争力のある企業を見つけて、その株を長期保有することだ。その長期的競争力のある企業を見抜く際、バフェットが手がかりにしたのは財務諸表だった。本書には、そのバフェットの財務諸表の読み方、ルールが書かれている。

『ウォーレン・バフェット 賢者の名言365』

桑原晃弥著
かや書房

バフェットの幼少期から92歳（2023年2月現在）に至るまでを5章に分け、それぞれの年代で語られた「名言」を集約。年表を見ながら、世界でどんな出来事が起こり、バフェットがいくつのときに、何をした結果、各名言が生まれたのかが、わかりやすく説明してある。バフェット初心者にお勧めの1冊。